এই বই আপনার জীবনকে বদলে দিতে পারে! আমরা প্রায়ই যে কোন জিনিষকে যেমনকার–তেমন গ্রহণ করে নিই; কারণ সেটাকে বদলাতে আমাদের ভয় লাগে! আমরা কোনরকম চেষ্টা না করেই এটা ধরে নিই যে, এমনটা করা অসম্ভব! কিন্তু বাস্তব ঘটনা হল এই যে, একটু চেষ্টা করলেই আমরা সেটাকে সম্ভব করে তুলতে পারি! তার জন্য প্রয়োজন হল নিজের পুরোন অভ্যাসে অতি সাধারণ পরিবর্তনের! সব কিছুই বিশ্বাসের ওপর নির্ভর করে! এমন বিশ্বাস যে, সব কিছুই বদলাতে পারে... আপনার অনুকূল হয়ে উঠতে পারে এবং শেষ পর্যন্ত্য আপনি সফল হয়ে উঠতে পারেন! পড়ুন, নিজেকে বদলান আর সফল হয়ে উঠুন!

অসম্ভব...
...সম্ভব

AF520112

অসম্ভব...

...সম্ভব

বিশ্বরূপ রায়চৌধুরী

ডায়নামিক মেমোরী মেথডস'-য়ের লেখক

ফ্যুজন বুকস্

প্রকাশক : ফ্যুজন বুকস্
X-30, ওখলা ইণ্ডাস্ট্রিয়াল এরিয়া, ফেজ-2
নূতন দিল্লী-110 020
ফ্যাক্স : 011-40712200
ই-মেল : sales@diamondpublication.com
ওয়েবসাইট : www.diamondbook.in

Printed by : Repro (India)

Asambhav... Sambhav
By : Biswaroop Roy Chowdhury

সমর্পিত

আমার শ্রদ্ধেয় মাতা-পিতাকে,

যাঁরা

আমাকে ভালো বই লেখার

জন্য

সর্বদা প্রেরিত করেছেন!

কৃতজ্ঞতা জ্ঞাপন

এই বই পাঠকবৃন্দের হাতে তুলে দেবার কাজে আমি বেশ কিছু ব্যক্তির কাছে কৃতজ্ঞ... যাঁরা এই বই প্রকাশের পেছনে গুরুত্বপূর্ণ ভূমিকা পালন করেছেন!

আমি আমার মাতা-পিতার কাছে ঋণী... যাঁরা আমাকে সর্বদা অনুপ্রাণিত করে এসেছেন!

আমি ***শ্রী আর. এ. ভার্মা, শ্রীমতি কোমল সিং, শ্রী প্রবীন জাভা, শ্রীমতি নীরজা, শ্রী চন্দ্রশেখর, শ্রী মহাবীর জৈন, শ্রী রাহুল এবং শ্রী পরমজিত***-কে রিসার্চের কাজে তাঁদের অবদানের জন্য বিশেষ রূপে ধন্যবাদ জানাই! ওনারা সর্বদা অমূল্য উপদেশ দিয়ে আমাকে সহায়তা করেছেন!

আমি আমার সকল সহকর্মী এবং বন্ধুদের তাঁদের সহযোগিতার জন্য ধন্যবাদ জানাই!

– ***বিশ্বরূপ রায়চৌধুরী***

সূচীপত্র

ভাগ 2 – ছাত্র-ছাত্রীদের জন্য

ভাগ 4 – অনুশীলন

ভাগ 5 – অভিধান মনে রাখা

ভাগ 6 – প্রায়ই যেসব প্রশ্নের মুখোমুখি হতে হয়

আগে এগোবার আগে এটা নিশ্চয়ই পড়ুন !

প্রতিটা ঘটনার পেছনে একটা-না-একটা কারণ নিশ্চয়ই থাকে ! আজ যখন এই বই আপনার হাতে রয়েছে, এটার পেছনেও একটা কারণ আছে... কারণ আমি একটা জিনিষ গম্ভীরতার সঙ্গে চিন্তা-ভাবনা করে দেখতে বাধ্য হয়েছি যে, কিছু ব্যক্তি কেন নিজেদের জীবনকে পাল্টে ফেলেন, যখনকি বেশীর ভাগ লোকই যা কিছু ঘটছে, তার দয়ার ওপরে নির্ভর করে নিজেদের জীবন কাটান ! কেন কিছু লোক ঘটনাগুলোকে নিজেদের অনুকূল করে তোলেন, যখনকি অন্যরা মূক দর্শক হয়ে থাকেন ! কেন কিছু লোক গ্লাসকে অর্ধেক ভর্তি বলেন ? যখনকি অন্যরা গ্লাসকে অর্ধেক খালি বলেন ? কেন কিছু লোক নিজেদের জীবনকে সুন্দর বানিয়ে তোলেন ? যখন অন্যদের জীবন এক দুঃখজনক কাহিনীমাত্র হয়ে রয়ে যায় ?

এই সব প্রশ্নের ওপরে আমি অনেক চিন্তা-ভাবনা করেছি এবং অনেক চিন্তা-ভাবনা করার পরে এমনটা হবার পেছনে মুখ্য কারণ হিসেবে আমি পেয়েছি যে, সফল ব্যক্তিরা কি করেন ? আর এর ঠিক বিপরীত অন্যরা কি করেন না ? এই বই সফল ব্যক্তিদের দ্বারা ওঠানো পদক্ষেপের দর্শন !

কিন্তু আগে এগোবার আগে নীচে লেখা কাহিনীটা অতি অবশ্যই পড়ুন ! এই বইয়ের ভূমিকা এর থেকে ভালো আর কিছুই হতে পারত না এবং গোটা বইটা পড়ার জন্য এর থেকে ভালো কারণও আর কিছু হতে পারে না !

আমার নাম চন্দ্রশেখর তেওয়ারী ! আমি ভারতীয় বায়ুসেনায় কার্য্যরত – কিন্তু ক্যান্সার রোগে পীড়িত ! আমার ক্যান্সার রোগের ব্যাপারে সর্বপ্রথম নভেম্বর, 1998-তে জানা গেছিল ! 20 দিনের ভেতরে আমার দু-দুটো অপারেশন হয়েছিল ! অপারেশনের পরে চার বার কিমোথেরেপীও করা হয়েছিল... যার ফলে আমার মাথার সব চুল উঠে গেছিল ! আমার সর্বশরীর ফুলে উঠেছিল আর আমার রূপটাই পুরো পাল্টে গেছিল !

এমনকি আমার ভাই যখন রেলওয়ে স্টেশনে আমাকে রিসীভ করতে এসেছিল, ও আমাকে চিনতে পর্যন্ত্য পারেনি ! নিজের চিকিৎসা চলাকালীন আমি নিজের চোখের সামনে ক্যান্সার ওয়ার্ডে রোগীদের মরতে দেখেছিলাম ! আমি এমন রোগীদেরও দেখেছিলাম, যারা রোগমুক্ত হতে পারত... কিন্তু এমনটা ভাবার জন্য যে, ক্যান্সার এক মারাত্মক রোগ আর ওরা আর কোনদিনও সুস্থ হতে পারবে না, ওরা মৃত্যুমুখে চলে গেছিল ! ওরা এমনটা ভেবে নিয়েছিল যে, ওষুধেও কোন কাজ হবে না ! এমন চিন্তা আর বিশ্বাসের কারণে ওদের অবচেতন মন এমনটা হয়ে উঠেছিল যে, ওষুধও কাজ করা বন্ধ করে দিয়েছিল এবং নিজেদের সীমিত চিন্তাধারার কারণে ওদের অকালমৃত্যু হয়ে

পড়েছিল ! কিন্তু আমি যা কিছু দেখেছি বা শুনেছি, তার ওপরে ভিত্তি করে আমি নিজের চিন্তাধারা গড়ে তুলিনি ! কারণ আমি এমনটা মনে করতাম যে, আমি যেমনটা বিশ্বাস স্হাপিত করব, তার ব্যাপক প্রভাব প্রথমে আমার মানসিক অবস্হার ওপরে আর তার পরে আমার শরীরের ওপরে পড়বে ! আমি নিজের মনের মধ্যে এমন বিশ্বাস গড়ে তুললাম যে, আমাকে ভালো ওষুধ দেওয়া হচ্ছে আর আমি ধীরে-ধীরে সুস্হ হয়ে উঠছি... কিছু দিনের ভেতরেই আমি পূর্ণ রূপে সুস্হ হয়ে উঠব ! এই বিশ্বাস শুধু আমাকে সুস্হই করে তোলেনি... বরং প্রতি মুহুর্তে আমাকে প্রাণশক্তিতে ভরপুর করে রেখেছে ! পুনরায় ডাক্তারী পরীক্ষায় এটা জানা গেছিল যে, আমি যকৃতের রোগ (হেপাটাইটিস-সি)-তে পীড়িত ! আবার একবার আমি ওষুধের জঞ্জালে ফেঁসে গেলাম ! কিন্তু তখনও আমি নিজের চিন্তাধারাকে প্রভাবিত হতে দিইনি এবং আগের মতই দৈনন্দিন কাজ করে যেতে লাগলাম ! আমি নিজের দৈনন্দিন জীবনযাত্রার প্রণালীকেও পরিবর্তিত হতে দিইনি ! আমি সর্বদা নিজেকে সুস্হ অনুভব করতাম ! আমার ভেতরে সহ্যশক্তির এমন এক শক্তি ছিল যে, আমি লাগাতার চার ঘন্টারও বেশী সময় ধরে শ্বাশ নিতাম ! পাঠকদের সুবিধার জন্য আমি এবার যেটা জানাচ্ছি যে, চিন্তাধারা আর বিশ্বাস প্রণালীকে কিভাবে বিকশিত করে তোলা যায় ?

বিশ্বাস প্রণালী ঃ চেতন মন দ্বারা শক্তিশালী চিন্তাধারাকে বার-বার পুণরাবৃত্তি করা... এর ফলে সেই চিন্তাধারার মানসিক ছবি আমাদের অবচেতন মনের ওপরে এক কখনো না মেটা ছাপ ছেড়ে যায় ! এই ছাপকেই চিন্তাধারা বা বিশ্বাস বলে ! এই চিন্তাধারা কি ভাবে কাজ করে, নীচে তার বর্ণনা দেওয়া হল !

বিশ্বাস প্রণালীর কার্য্যপদ্ধতি ঃ

বিশ্বাস → মানসিক অন্তঃকরণ → আচরণ → দৃষ্টিভঙ্গী → কার্যকলাপ → অবচেতন মনের ওপরে প্রভাব → শক্তিশালী বিশ্বাস অনুভব করা !

এই জিনিষটাকে একটা উদাহরণের মাধ্যমে বোঝা যেতে পারে ঃ– একবার কুকুরে কামড়ালে সেই জিনিষটা আমাদের চিন্তাধারা, আমাদের চেতন মন এবং অন্তঃকরণে ভয়ের সৃষ্টি করে তোলে ! তারপর সেই ঘটনার কথা মনে করে-করে আমাদের আচরণও ঐরকমই হয়ে ওঠে ! তখন পীড়িত ব্যক্তি কুকুরকে নিজের শত্রুর রূপে দেখতে শুরু করে দেয় এবং ছড়ি হাতে কুকুরের মুখোমুখি হয় ! এই জিনিষটা অবচেতন মনের ওপরে এক গভীর প্রভাব বিস্তার করে ! এই ভাবে, এটা স্পষ্ট হয়ে ওঠে যে, মানুষের চিন্তাধারা ওর অবচেতন মনের ওপরে পড়া প্রভাবের ওপরে নির্ভর করে ! এসব জিনিষ কয়েক সেকেণ্ডের ভেতরে ধারাবাহিক প্রতিক্রিয়ার মত ঘটতে থাকে !

লেখক পরিচয়

বিশ্বরূপ রায়চৌধুরী ইঞ্জিনিয়ারিং-য়ের শিক্ষা প্রাপ্ত করেছেন এবং উনি ***রৌষ্ট্রীয় মেমোরী রেকর্ড***'-এর বিজেতা ! মেমোরী প্রশিক্ষণের ক্ষেত্রে উনি এক সুপরিচিত ব্যক্তি ! ওনার টেক্‌নিক সমাজের সকল বর্গের লোকেদের দ্বারা প্রশংসিত হয়েছে ! শুধু তাই নয়, প্রিন্ট মিডিয়া এবং ইলেকট্রোনিক মিডিয়াও ওনার যোগ্যতাকে লক্ষ্য করে নিজেদের সংবাদে ওনাকে এক বিশেষ স্হান প্রদান করেছে ! ***দ্য টাইমস্ অফ্ ইণ্ডিয়া, হিন্দুস্হান টাইমস্, দ্য ট্রিব্যুন, দ্য ইণ্ডিয়ান এক্সপ্রেস, দ্য হিন্দু, জনসত্তা, পঞ্জাব কেশরী, নবভারত টাইমস, সাহ্যা টাইমস্, দৈনিক জাগরণ, জী ন্যুজ, আখোঁ দেখি, অল্ ইণ্ডিয়া রেডিও, জৈন টি.ভি.*** ইত্যাদি অনেক সংবাদ মাধ্যম ওনাকে বিশেষ প্রাথমিকতা প্রদান করেছে !

ওনার কার্য্যপদ্ধতির ওপরে মিডিয়ার মন্তব্য ঃ

ঁউনি মস্তিষ্ক বিকাশের মন্ত্র জানেন !'

– দ্য ট্রিব্যুন, 02. 10. 1997

ঁরেকর্ড ভাঙার ক্ষেত্রে বিশ্বরূপ হচেছন এক মেমোরী জিনীয়াস !'

– ইণ্ডিয়ান এক্সপ্রেস, 18. 05. 1997

ঁআজকের গলাকাটা প্রতিযোগিতার মধ্যে বিশ্বরূপ স্মৃতিশক্তি উ তির যে টেক্‌নিকের সৃষ্টি করেছেন... সেটা নিশ্চিত রূপে বইয়ের বোঝার নীচে চাপা পড়ে থাকা ছাত্র-ছাত্রীদের মুক্তি প্রদান করবে !'

– যুববাণী, অল ইণ্ডিয়া রেডিও, 04. 08. 1999

ঁএকবার ঁডায়নামিক মেমোরী মেথডস্' বইটা পড়লে আপনি নিজের স্মৃতিশক্তিকে উ ত করে তোলার পথে অগ্রসর হয়ে পড়বেন !'

– লাইফ পোজিটিভ, আগষ্ট 1999

ঁবিশ্বরূপ মস্তিষ্কের তন্ত্রগুলোর থেকে কাজ আদায় করার পদ্ধতি ভালোমতন জানেন !'

– দ্য টাইমস্ অফ্ ইণ্ডিয়া, 07. 01. 2001

ঁবিশ্বরূপের 600 বছরের ক্যালেণ্ডার মনে আছে !'

– ইণ্ডিয়া টুডে, 22. 01. 2001

ঁবিশ্বরূপ স্মরণশক্তির জাদু ছড়িয়ে দিয়েছেন !'

– আজ, 13. 11. 2002

ঁবিশ্বরূপ মেমোরী গেমের জাদুকর !'

– দ্য হিন্দু, 11. 01. 2003

ঁগিনীজের স্বপ্ন নিয়ে স্মৃতিশক্তির বাদশাহ !'

– দ্য ট্রিব্যুন, 12. 01. 2003

ঁবিশ্বরূপ স্মৃতিশক্তি বাড়াবার উপায় জানিয়েছেন !'

– দৈনিক জাগরণ, 09. 02. 2003

এই বই কিভাবে পড়বেন ?

যদি কোন ব্যক্তি নিজের স্বপ্নকে সাকার করার পথে আত্মবিশ্বাসের সঙ্গে এগিয়ে চলে আর নিজের জীবনকে নিজের ইচ্ছানুসার তৈরী করার চেষ্টা করে, তাহলে সেই ব্যক্তি নিঃসন্দেহে সেই সামান্য প্রচেষ্টার দ্বারা অবিশ্বাস্য সফলতা পেতে পারে!'

এই বইয়ের প্রথম ভাগ বোধশক্তি সৃষ্টি এবং উপরিউক্ত বাক্যের ভাবকে কি করে সার্থক করে তোলা যেতে পারে, সেই ব্যাপারে লেখা হয়েছে !

সুধী পাঠকবৃন্দের প্রতি আমার পরামর্শ হল এই যে, আগে এগোবার আগে বইয়ের ব্যাক কভার এবং শুরুর পৃষ্ঠাকে অতি অবশ্যই মন দিয়ে পড়ুন !

এবার প্রথম ভাগকে ধীরে-ধীরে বুঝে এগিয়ে চলুন, চেষ্টা করুন যাতে প্রথম ভাগ পাঁচ থেকে সাত দিনের ভেতরে শেষ হয়ে পড়ে ! আপনি যদি বিদ্যার্থী হন এবং পরীক্ষার জন্য প্রস্তুতি নিচেছন, তাহলে আপনার দ্বিতীয় এবং পঞ্চম ভাগটার ওপরে বিশেষ দৃষ্টি দেওয়া উচিত... অন্য ব্যক্তিরা বইয়ের তৃতীয়, চতুর্থ এবং ষষ্ঠ ভাগটাকে মন দিয়ে পড়ুন ! প্রথম ভাগটা সবার জন্য জরুরীও বটে, সাধারণও বটে! আপনি যদি এই বইয়ের সম্বন্ধে নিজের মতামত তৈরী করতে চান, তাহলে তারকাচিহ্নিত অধ্যায়গুলোকে সবার আগে পড়ুন !

ভাগ - এক

এটাকে সম্ভব করে তুলুন!

1. আমাদের মস্তিষ্ক কি ভাবে কাজ করে ?

অনেকবার এমনটা হয় যে, আপনি নতুন বই বা নতুন জামা-কাপড় কেনার পরে তৎক্ষনাত সেটাকে খুঁজে পান না! আপনি নিজের বাড়ীর প্রতিটা কোনা ত-ত করে খুঁজতে থাকেন! ওটা তো এখুনি এখানেই রেখেছিলাম... তাহলে খুঁজে পাচ্ছি না কেন ?

আমাদের মস্তিস্কের একটা ভাগ এমনই সব তথ্য আর প্ল্যানকে একত্রিত করে... যেগুলো অস্তিত্ব বজায় রাখার জন্য অত্যন্ত আবশ্যক! যদি আপনি নিজের উদ্দেশ্যকে স্পস্ট ভাবে পরিভাষিত না করে থাকেন... তাহলে তার অর্থ হল এই যে, আপনি নিজের স্বপ্নকে সাকার করার জন্য নিজের মস্তিষ্ককে ঠিকমতন কার্য্যবদ্ধ করেননি!

যখন আপনি নিজের মস্তিষ্ককে প্রশিক্ষিত করেন, তখন আপনি রেক্টিকুলর এ্যাক্টিভেটিং সিস্টেমকে সঞ্চালিত করেন! আপনার মস্তিস্কের বিশেষ অংশ চুম্বকের মত হয়ে ওঠে, যেটা তথ্য এবং সুযোগকে নিজের প্রতি আকৃস্ট করে! নিজের জীবনের কায়াকল্প করার জন্য নিজের মস্তিস্কের স্যুইচকে ট্রিপ দেওয়া শিখুন!

2. নিজের লক্ষ্যকে সামনে রাখুন!

এমনটা কল্পনা করুন যে, আজ থেকে এক বছরের মধ্যে আপনি নিজের মুখ্য উদ্দেশ্যগুলোয় সফলতা প্রাপ্ত করে নিয়েছেন! এমনটা চিন্তা করে আপনি নিজের জীবনের ব্যাপারে কেমন অনুভব করছেন ? এই প্রশ্ন আপনার উদ্দেশ্যগুলোকে সফল করে তুলতে সহায়ক হয়ে উঠবে! আপনার *'কেন'*-র প্রয়োজন আর *'কি ভাবে'* আপনি নিজে থেকে পেয়ে যাবেন!

আপনি এক বছরের জন্য চারটে উদ্দেশ্যকে বেছে নিন আর তারপর নিজের প্রতিবদ্ধতার স্তর এবং এই উদ্দেশ্যগুলোকে প্রাপ্ত করার জন্য কি-কি পদক্ষেপ নেওয়া প্রয়োজন, তার ওপরে একটা প্যারাগ্রাফ লিখুন!

3. ব্যর্থতার ভেতরেই সফলতা লুকিয়ে আছে!

আপনি যদি প্রথম প্রচেস্টায় নিজের উদ্দেশ্যে সফল না হতে পারেন,

> *আমাদের ভেতরে কি আছে, তার থেকে অনেক বেশী গুরুত্বপূর্ণ হচ্ছে যে, আমাদের সামনে বর্তমানে কি আছে!*
>
> **– রাল্ফ ওয়াল্ডো এমার্সন**

তাহলে কি আপনার চেষ্টা করা বন্ধ করে দেওয়া উচিত... নাকি চেষ্টা চালিয়ে যাওয়া উচিত ? আজ্ঞে হ্যাঁ... যতক্ষন না সফলতা প্রাপ্ত হচ্ছে, ততক্ষন পর্যন্ত আপনার চেষ্টা চালিয়ে যাওয়া উচিত !

দৃঢ়তা আর প্রতিবদ্ধতা হচ্ছে আপনার ব্যক্তিত্বের গুরুত্বপূর্ণ উৎস ! কোন কিছুর প্রতি আগ্রহী হওয়াটাই যথেষ্ঠ হয় না, প্রতিবদ্ধতা হচ্ছে অত্যন্ত জরুরী ! এমনটাও হতে পারে যে, আপনার সাময়িক ব্যর্থতা ভবিষ্যতের সফলতার জন্য আপনার ভেতরে দৃঢ় নিশ্চয়তার উৎপত্তি করে !

নিজের ব্যর্থতার মূল্যাংকন করুন যে, আপনি তার থেকে কি শিখেছেন ? আরও ভালো সফলতার জন্য এই মূল্যাংকনকে মাথায় রেখে চেষ্টা চালিয়ে যান !

4. প্রতিটা মুহুর্তকে উপভোগ করুন !

আনন্দ এবং প্রস তাকে উপেক্ষা করা সম্ভব নয় ! জীবনের আনন্দ উপভোগ করার জন্য আপনার উদ্দেশ্য প্রাপ্তি পর্যন্ত অপেক্ষা করে থাকার কোন প্রয়োজন নেই ! জীবনের প্রতিটা মুহুর্তই গুরুত্বপূর্ণ ! আপনি বর্তমানের প্রতি মনোযোগ দিন, প্রতিটা দিনকে পূর্ণ রূপে এবং প্রতিটা মুহুর্তকে তার সীমা পর্যন্ত উপভোগ করুন !

আপনার জীবনে আনন্দ এবং উ তি কোন একটা উদ্দেশ্যের সফলতার অপেক্ষা করে না ! আপনার উদ্দেশ্য ততটা গুরুত্বপূর্ণ নয়, যতটা গুরুত্বপূর্ণ হচ্ছে সেই উদ্দেশ্য প্রাপ্তির জন্য বেছে নেওয়া রাস্তা !

নিজের সঠিক দিশাকে চিনে নিন এবং নিজের উদ্দেশ্যের দিকে এগিয়ে চলুন !

5. লক্ষ্য প্রাপ্তির জন্য নিজেকে প্রেরিত কি ভাবে করবেন ?

নিজের জীবনের সেই উদ্দেশ্যের কথা চিন্তা করুন, যে উদ্দেশ্যে আপনি সফলতা অর্জন করেছেন ! এটাও চিন্তা করুন যে, সেই উদ্দেশ্য প্রাপ্তির পথে কি ভাবে বাধা-বিপত্তি এসেছিল আর আপনি কি ভাবে দৃঢ়তার সঙ্গে বাধা-বিপত্তির মোকাবিলা করে সেই সব বাধা-বিপত্তিকে রাস্তা থেকে সরিয়ে দিয়েছিলেন ?

যখন আপনি নতুন স্বপ্ন এবং ইচ্ছের অনুভব করেন, তখন বাধা-বিপত্তির ব্যাপারে চিন্তা করা বন্ধ করে দিন... কারণ আপনি এর

> *আমাদের চিন্তাধারা আমাদের ওপরেই নির্ভর করে ! আমাদের সঙ্গে যা কিছু ঘটে, তাতে আমাদের ব্যক্তিত্বের অবদান থাকে 10 শতাংশ আর আমরা কি ভাবে প্রতিকার করি, তার অবদান থাকে 90 শতাংশ !*
>
> **– চাক্ স্বীণ্ডল**

আগেও নিজের জীবনের রাস্তায় আসা বড়-বড় পাথর সরিয়ে দিয়েছেন!

আপনাকে জেতার প্রবল ইচ্ছে, সফলতার নির্ণয়, নিজের জীবনের ওপর নিয়ন্ত্রণ এবং মাস্টারী দ্বারা সুসজ্জিত থাকতে হবে! সবার আগে নিজের উদ্দেশ্যগুলোকে চিনে নিন এবং নিজের মনে এই বিশ্বাস জাগিয়ে তুলুন যে, কোন বাধা-বিপত্তিই আপনাকে আটকাতে পারবে না! নিজের উদ্দেশ্যে সফলতা প্রাপ্ত করার জন্য দৃঢ়প্রতিজ্ঞ হয়ে উঠুন!

6. জীবন হচ্ছে সুখ-দুঃখের খেলা!

সুখ এবং দুঃখ আমাদের ভাগ্যকে কি ভাবে নির্ধারিত করে? দুঃখের মোকাবিলা করার সহজ-সরল উপায় সর্বদা আমাদের কাছে মজুদ থাকে! কখনও আমরা মদ্যপান করি, তো কখনও সিগারেটে টান মারি! কখনো বা প্রচণ্ড বেশী খাবার খেতে থাকি!

আবার এমন ব্যক্তিও আছেন, যাঁরা মানসিক চাপের মোকাবিলা ব্যায়াম, ভ্রমণ, মধুর সঙ্গীত শোনা ইত্যাদি উপায় দ্বারা করে থাকেন! নিজের সমস্যা দূর করা এবং আনন্দকে বাড়িয়ে তোলার উপায়গুলোকে চিনে নিয়ে তাদের একটা সূচী তৈরী করুন!

এসব উপায়গুলো ছাড়াও আরও কিছু উপায় কি আছে, যেগুলো আমাদের আনন্দ প্রদান করতে সহায়ক হয়ে উঠতে পারে?

7. ভুল আকলন / সংযোজন!

বেশীর ভাগ সময় ব্যর্থতার কালো মেঘ আমাদের স্বপ্নের ওপরে ছেয়ে থাকার চেষ্টা করে! আমরা নিজেদের স্বপ্ন আর উদ্দেশ্যপূর্তির জন্য ঝুঁকি ওঠানোর চেয়ে নিজের কাছে যা কিছু আছে, সেসব জিনিষকে নিয়েই মত্ত থাকতে চাই! আপনার কাছে বেশী গুরুত্বপূর্ণ কোন্‌টা... গত পাঁচ বছরে আপনি যা কিছু উপার্জন করেছেন? না তার ওপরে কুণ্ডলী মেরে বসে থেকে সেটাকে পাহারা দেওয়া? না কি পরের পাঁচ বছরে আরও বেশী উপার্জন করার জন্য সুযোগ খোঁজা?

8. চিন্তা অথবা আনন্দের সংজ্ঞা!

সমস্যা বা দুঃখকে এক বন্ধুর রূপে গ্রহণ করুন! আপনি কি এমনটা ভাবেন যে, আপনি যাই করুন না কেন, তাতে কিছু যায়-আসে না? আপনি যে কাজই করুন না কেন, তাতে আপনি শুধু দুঃখই পাবেন? আপনি যদি আত্মীয়-স্বজনদের সঙ্গে সম্পর্ক বজায় রাখেন, তাহলে সেটা দুঃখজনক তো ঠিকই, কিন্তু আপনি যদি সম্পর্কের বাইরে বেরিয়ে

> *প্রতিকূল পরিস্থিতিতে স্থির থাকাটা অবশ্যই জানা উচিত!*
>
> **– ইন্দিরা গান্ধী**

আসেন, তখন আপনি আরও বেশী একা হয়ে পড়েন!

পুরোন দুঃখজনক অভিজ্ঞতাগুলোকে মনে করার চেষ্টা করুন! এই ব্যাপারে কিছু করার জন্য নিজেকে সমস্যার গুরুত্ব অনুভব করান! যখন আপনি কিছু করে উঠতে পারেন না, তখন আপনি ভাবুকতার দোরগোড়ায় পৌঁছে যান! ভাবুকতার চরম বিন্দুকে স্পর্শ করে নেবার পরে আপনি সমস্যার মুখোমুখি হবার যোগ্য হয়ে ওঠেন!

দুঃখ-কষ্টের সংজ্ঞাকে পাল্টে ফেলুন! অনেকবার আপনি খাওয়া-দাওয়ার ওপরে মনোযোগ দেবার চেষ্টা করেন! কিন্তু তাতেও কোন লাভ হয় না! আহার ত্যাগ করা দুঃখজনক এবং আমাদের মস্তিষ্ক খুব বেশী সময়ের জন্য এসব সহ্য করতে পারে না!

ক্ষিধের সঙ্গে লড়ার বদলে নিজের কষ্টকে পরীক্ষা করুন! অতিভোজনের পরের নেতিবাচক চিন্তার কথা মনে করুন! একবার যখন আপনি এটা জেনে যাবেন যে, ব্যায়াম করাটা সুখদায়ক আর অতিভোজন জিনিষটা দুঃখদায়ক... তখন আপনি এটাও জেনে যাবেন যে, কোন্‌টা ঠিক আর কোন্‌টা ভুল?

9. দয়া করে মনোযোগ দিন!

আমরা প্রায়ই এদিক-ওদিকের কথা বলে দায়িত্ব এড়িয়ে যাবার চেষ্টা করি... যার ফলে পরে আমাদের সমস্যাই বেড়ে ওঠে! আপনি যদি কোন কাজ করতে দেরী করেন, তাহলে আপনি নিজের জন্য সমস্যা সৃষ্টি করা ছাড়া আর কিছুই করেন না!

এমন কি চারটে কাজ আছে, যার ওপরে আজ মনোযোগ দেওয়া প্রয়োজন... কিন্তু আপনি এড়িয়ে আসছেন? একটা সূচী তৈরী করুন... তারপর নিম্নলিখিত প্রশ্নগুলোর উত্তর দিন ঃ-

1. আমি এই কাজটা কেন শেষ করিনি? এই কাজ শেষ করতে অতীতে কি ধরনের সমস্যার সৃষ্টি হয়েছিল?
2. এই ধরনের নেতিবাচক আচরণের ফলে অতীতে কি কখনো আমার আনন্দের অনুভূতি হয়েছিল?
3. আমি যদি কোন পরিবর্তন না আনি, তাহলে আমার কতটা ক্ষতি হবে?
4. এখন যদি আমি এই কাজ করতে শুরু করি, তাহলে আমার কতটা আনন্দ হবে?

আমরা প্রত্যেকেই নিজেদের মনে এমন আশা সাজিয়ে রাখি যে,

> *তাৎক্ষনিক চিকিৎসার জন্য শান্ত থাকার আর্ট শেখার চেষ্টা করুন!*
> ***– লিলি টমলিন***

এক-না-একদিন, যখন আমাদের কাছে প্রচুর টাকা-পয়সা এসে যাবে, যখন সবার সঙ্গে আমাদের ভালো সম্পর্ক গড়ে উঠবে, যখন আমরা পূর্ণ রূপে সুস্থ হয়ে উঠব, যখন আমরা প্রসিদ্ধি পাব... তখন আমরা খুব খুশী হয়ে উঠব!

এই সব লাভজনক স্থিতি সাময়িক আর এসব আপনাকে বরাবরের জন্য সন্তুষ্ট করতে পারে না! আপনার মানসিক অবস্থাই আপনাকে প্রস রাখে... তাহলে এখন থেকেই প্রস হয়ে থাকার অভ্যাস গড়ে তুলুন!

10. প্রস থাকার উপায়!

আপনি নিজেকে প্রস কি করে রাখতে পারেন? আপনি কি এমন অবস্থায় আছেন যে, আপনি এখুনি খুশী-আনন্দ আর বিশুদ্ধ প্রস তা অনুভব করতে পারেন?

সেই মুহুর্ত, সেই ঘটনার ব্যাপারে চিন্তা করুন, যে মুহুর্ত, যে ঘটনা আপনাকে পূর্ণ রূপে এমন করে তুলেছিল! সেই বিশেষ সময়টার রেখাচিত্র নিজের মন-মস্তিস্কে ফুটিয়ে তুলুন... তারপর নিজের সেই হাব-ভাবকে মুখে ফুটিয়ে তুলুন! নিজের শ্বাস-প্রঃশ্বাসের প্রক্রিয়াকেও ঠিক সেই সময়ের মতই রাখুন! নিজের শিরা-উপশিরার স্পন্দনকে পরীক্ষা করে দেখুন এবং নিজের শারীরীক ক্রিয়াকে পূর্ব সময়ানুসার সঞ্চালিত করুন! আপনি কি সেই আগের মত চপলতা আর উৎসাহ আবার একবার অনুভব করছেন? এমনটা কি সম্ভব যে, আপনি যখন খুশী, সেইরকম মুহুর্ত অনুভব করতে পারেন?

নিজের মনোযোগকে কেন্দ্রীভূত করুন, আপনি তৎক্ষনাত প্রস তা অনুভব করবেন! যে কোন অনুভবকে বেশ কিছু ভাবে অনুভব করা যেতে পারে! সব কিছুই আমাদের চিন্তাধারার ওপরে নির্ভর করে! আমাদের পুরো শরীরে উস্কানি, উত্তেজনা আর চপলতা সব সময় বিদ্যমান থাকে!

নিম্নলিখিত দুটো রহস্য আপনার পক্ষে লাভজনক হতে পারে ঃ-

1. নিজের মনোযোগের কেন্দ্রবিন্দুতে পরিবর্তন আনুন!
2. নিজের মূল্যবান স্মৃতির মানসিক ছবি আঁকুন!

11. ভাবনা ⟷ শরীর বিজ্ঞান!

শারীরীক অবস্থার পরিবর্তনও গুরুত্বপূর্ণ হয়! যখন কোন ব্যক্তি

> *আমরা কোন বড় কাজ করতে পারি না, কেবলমাত্র ছোট কাজ বিশাল হৃদয় দিয়ে করতে পারি!*
>
> ***– মাদার টেরেসা***

রাগ, টেনশন বা অবসাদে ভরে ওঠেন... তখন প্রায়ই উনি ধূম্রপান, মদ্যপান ইত্যাদি নেতিবাচক ক্রিয়ার দিকে এগিয়ে চলেন! নেতিবাচক অবস্থার চিকিৎসা হচ্ছে ধ্যান, ব্যায়াম, সঙ্গীত ইত্যাদি! কাঁধ ঝাঁকানো, মাথা নাড়ানো ইত্যাদি নেতিবাচক দিকটাকেই প্রদর্শিত করে! যখন আমরা উৎসাহে ভরে উঠি, প্রস মুদ্রায় থাকি বা আত্মবিশ্বাসে ভরে উঠি... তখন আমাদের শরীর গর্বে ফুলে ওঠে, দুটো কাঁধ উঁচু হয়ে ওঠে আর শ্বাস-প্রশ্বাসও ভালো হয়ে ওঠে!

নিজের শারীরীক প্রতিক্রিয়ার মধ্যে পরিবর্তন আনতে পারলে আপনি নিজের ভাবনাত্মক দিকটাকেও বদলে ফেলতে পারবেন... কারণ আমাদের প্রতিটা ভাবনার সঙ্গে শারীরীক ক্রিয়ার সম্পর্ক থাকে!

12. হাসি!

হাসুন! গোটা পৃথিবী আপনার সঙ্গে হাসবে!

এক সপ্তাহ, প্রতি দিন পাঁচ বার এক-এক মিনিটের জন্য আয়নার সামনে দাঁড়িয়ে প্রাণ খুলে হাসুন! এই জিনিষটা হয়তো আপনার কাছে একটু অদ্ভূত, পাগলামী বলে মনে হবে... কিন্তু যখন আপনার হাসি কৃত্রিম না হয়ে মৌলিক আর চমকদার হয়ে উঠবে... তখন আপনি ভেতর থেকে ভালো অনুভব করবেন!

13. আপনার চিন্তাধারা আপনার শারীরীক ক্রিয়ার অংশ?

এমনটা অনুভব করুন যে, আপনি নিজের ভাবনার বৃত্তে, একটু চেস্টা এবং উদ্‌গম কেন্দ্রে পরিবর্তন এনে, নিজের খুশীকে বাড়িয়ে তুলতে পারেন! আপনি নিজের স্বাভাবিক এবং ইতিবাচক ভাবনার মধ্যে যে কোন একটাকে বেছে নিন এবং বিভি মুদ্রা, কার্যকলাপ এবং হাব-ভাব দ্বারা সেই ভাবনার আনন্দ ওঠান!

14. যখনই চিন্তিত হয়ে উঠবেন, এটাকে স্মরণ করুন!

আপনি জীবনে কখনো-না-কখনো নিশ্চয়ই ক্রুদ্ধ, কুন্ঠিত এবং সংকটাপ অনুভব করেছেন! আপনি যদি সেই সব মুহুর্তগুলোকে স্মরণ করেন, তাহলে হয়তো আপনার হাসি পাবে এটা ভেবে যে, আপনি বৃথাই চিন্তিত হয়ে উঠেছিলেন... যখনকি এমন কিছুই ব্যাপার ছিল না! আপনি আবার একবার ঐসব ভয়ানক পরিস্হিতির ওপরে হাসুন! আপনি তৎক্ষনাত এমনটা অনুভব করবেন যে, ঐ ধরনের পরিস্হিতি আপনার

> *ঈশ্বর আমাদের সরল এবং সাধারন করে বানিয়েছেন, কিন্তু আমরা নিজেদের প্যাঁচালো বানিয়ে নিয়েছি!*
>
> **– অজানা**

নিয়ন্ত্রণে চলে এসেছে !

15. কেন্দ্রিত মনোযোগ → ভাবনা → ক্রিয়া → প্রতিক্রিয়া

জীবনে এমন ঘটনা প্রায়ই ঘটে যে, আপনি হয়তো এমন আশা করে রয়েছেন যে, আপনার পতি/পত্নী ঠিক সময়ে বাড়ী পৌঁছে যাবেন... কিন্তু উনি দেরী করে পৌঁছন! এমন পরিস্থিতিতে আপনি কেমনটা অনুভব করেন যে, উনি আপনার কথা চিন্তা করেন না, নাকি আপনি এমনটা ধরে নেন যে, আপনার পতি/পত্নীর অভ্যাসটাই এমন, নাকি আপনি অত্যন্ত ব্যাকুল হয়ে ওঠেন? আপনার ব্যাকুলতা কি এতটা বেড়ে ওঠে যে, আপনার মনে খারাপ-খারাপ চিন্তা এসে ভীড় করতে থাকে যে, কোন দুর্ঘটনা ঘটে যায়নি তো? আপনি কি এমনটাও ভাবেন যে, উনি আপনার জন্য উপহার কেনার জন্য রাস্তায় কোন জায়গায় আটকে গেছেন!

1. আমাদের কেন্দ্রিত ধ্যান, আমাদের ভাবনাকে নিশ্চিত করে!
2. আমাদের ভাবনা, চিন্তা, ধারণা আমাদের ক্রিয়াকে নিয়ন্ত্রিত করে!

সঠিক প্রশ্ন করে নিজের মস্তিষ্ককে শক্তিশালী করে তুলুন!

16. মনোযোগকে কোথায় কেন্দ্রিত করবেন?

আপনি যদি নিজের মনোযোগকে লাগাতার নেতিবাচক চিন্তায় কেন্দ্রিত করেন, তাহলে প্রচণ্ড বিপজ্জনক ঘটনা আপনার সঙ্গে ঘটার পূর্ণ সম্ভাবনা রয়েছে! উদাহরণ হিসেবে, তীব্র বেগে গাড়ী চালাবার সময় যদি আপনি গাড়ীর ওপরে নিয়ন্ত্রণ করার চেষ্টায় গাড়ী পিছলে যায়... তখন আপনি সেটা থেকে বাঁচতে দেওয়ালের দিকে দেখতে লাগেন, কিন্তু ভয় পেয়ে উঠে আপনি নিজের গাড়ীকে দুর্ঘটনাগ্রস্ত করে ফেলেন!

ভয় পাওয়ার কোন কারণ নেই! নিজের জীবনকে দেওয়াল থেকে দূরে আকাশের উচ্চতার দিকে নিশ্চিত রূপে নির্ধারিত করে আপনি যেটা চান, তার ওপরে নিজের মনোযোগকে কেন্দ্রিত করুন... অন্য কোন দিকে নয়! আপনি স্বাভাবিক রূপে নিজে থেকে কাজ করতে শুরু করে দেবেন! আপনার যেটা ইচ্ছা, আপনি যেটার যোগ্য... তার ওপর মনোযোগ কেন্দ্রিত করুন!

> *ভবিষ্যত কোন জায়গা নয়, যেখানে আমরা যাচ্ছি... আমরাই সেটার নির্মাণ করি! রাস্তা আমাদের নিজেদেরকেই তৈরী করে নিতে হয়!*
>
> **– *জন শর***

17. *সঠিক প্রশ্ন – সঠিক সিদ্ধান্ত!*

একদিন একটা ছেলেকে নবম শ্রেণীর এক গুণ্ডা টাইপের ছেলে ধরে খুব পিটল! সেই ছেলেটা রেগে উঠে সেই গুণ্ডাটার ওপরে বদলা নেবে বলে স্থির করল আর ও একটা পিস্তল কিনে এনে সেই গুণ্ডা ছেলেটার দিকে পিস্তল উঁচিয়ে ধরল! গুলি চালাবার আগে ও নিজেকেই প্রশ্ন করল–*'আমি যদি একে গুলি করে দিই, তাহলে তারপর কি হবে?'* ওর চোখের সামনে জেলের দৃশ্য নেচে উঠল! ও সেই গুণ্ডা ছেলেটার বদলে একটা গাছের ওপরে গুলি করে দিল! সেই ছেলেটার নাম ছিল ***বো জ্যাকসন***! ও সামান্য একটু বুদ্ধির মাধ্যমে যন্ত্রণাকে আনন্দে পরিবর্তিত করে দিয়েছিল! ও এমন এক ছেলে, যার কোন ভবিষ্যত ছিল না... আর পরমুহুর্তেই এমন এক ছেলে, যে পরে খেলার জগতের তারকা হয়ে উঠেছিল... এই দুটো ছেলের মধ্যে পার্থক্যের সৃষ্টি করে তুলেছিল! নিজেক সঠিক প্রশ্ন করুন... নিজেকে বদলান!

18. *মনোযোগ কেন্দ্রিত করার প্রক্রিয়া!*

আসুন, আমরা এমন কিছু উপায়ের সূচী তৈরী করি... যেসব উপায় সিগারেট, মদ, ক্রেডিট কার্ডের দুরূপযোগ ছাড়াই আপনার মুডকে বদলাতে পারবে এবং আপনার মস্তিস্কের ইতিবাচক অবস্হার বৃদ্ধি করতে পারবে!

1. সেইসব শ্রেষ্ঠ উপায়ের নাম লিখুন, যেগুলো আপনার নেতিবাচক চিন্তাধারাকে ইতিবাচক চিন্তাধারায় বদলে দেবে!
2. সেই সব নতুন উপায়গুলোকেও এই সূচীতে শামিল করুন, যেসব উপায় আপনি এখনও প্রয়োগ করে দেখেননি! আপনি নিশ্চিত রূপে ভালো অনুভব করবেন! যতক্ষন না আপনি 15 থেকে 30-টা নতুন উপায়ের নাম লিখছেন, ততক্ষন থামবেন না! যদিও এই ব্যাপারে অসংখ্য সুস্হ উপায়ের সম্বন্ধে লেখা যেতে পারে! সেগুলোকে লেখার চেস্টা করুন!

প্রস তা, আনন্দ আর ভালো অনুভব করার কত রকমের উপায় আছে, যে কোন একটাকে বেছে নিন!

নিজের মনের মত কোন গান শুনুন, কোন শ্রুতিমধুর মিউজিক বাজান, কোন মজাদার ফিল্ম বা নাটক দেখুন, বন্ধুদের সঙ্গে এক সঙ্গে বসে খাবার খান, ফুল দিয়ে নিজের ঘর সাজান, নিজের ডায়রীতে

> *যেভাবে লোহা লোহাকে তীক্ষ্ম করে তোলে, ঠিক সেই ভাবে একজন মানুষ নিজের বন্ধুর ব্যক্তিত্ব গড়ে তোলে!*
>
> **– *অজানা***

নিজের অভিজ্ঞতার ব্যাপারে লিখুন, দুপুরবেলা একটু ঘুমিয়ে নিন ইত্যাদি-ইত্যাদি!

19. অসম্ভব কেবলমাত্র চিন্তাধারার কামাল!

বছরের-পর-বছর ধরে, চার মিনিটে এক মাইল দৌড়নোকে এক অসম্ভব কাজ বলে মনে করা হত! কিন্তু ***রজার ব্যানিস্টার*** 3 মিনিট 59 সেকেণ্ডে এক মাইল ছুটে সেই কিংবদন্তীকে মিথ্যে বলে প্রমাণিত করে দিয়েছিলেন! উনি নিজের এই বিজয়ের মানসিক ছবি এই ভাবে পেশ করেছিলেন যে, ওনার শরীরের নার্ভাস প্রণালী এমন সংকেত গ্রহণ করেছিল যে, ওনার দৃঢ় বিশ্বাস হয়ে পড়েছিল, উনি নিশ্চিতরূপে সফলতা অর্জন করবেন! ব্যানিস্টারের সফলতা অন্যদের কাছেও সফলতার দরজা খুলে দিয়েছিল এবং এক বছরের ভেতরে বেশ কিছু ধাবক এই অসম্ভব কাজকে সম্ভব করে তুলেছিলেন! আপনাকে নিজের মস্তিস্কের বাধার বৃত্তকে ভেঙে ফেলতে হবে এবং অসম্ভবকে সম্ভব করে তুলে এগোতে হবে! এর ফলে আপনার এবং আপনার আশপাশের ব্যক্তিদের জীবনটাই বদলে যাবে!

20. মস্তিষ্কের সমতল প্রক্রিয়া!

যখন আমরা কোন ঘটনার মুখোমুখি হই, তখন আমাদের মস্তিস্ক সেটাকে কস্ট বা খুশীর রূপে গ্রহণ করে নেয়! এই বর্গীকরণ এই বিশ্বাসের ওপরে ভিত্তি করে হয় যে, আপনি কোন্ ঘটনাকে কি ধরনের কষ্ট বা খুশীর রূপে অনুভব করেন! এটা ঠিক যে, আমাদের স্বাভাবিক পরিস্থিতি আমাদের দিয়ে কাজ করায়... কিন্তু তারও একটা সীমা আছে! কিছু লোক নিজেদেরকে অপদার্থের শ্রেণীতে রাখেন! কারণ ওনারা বেশ কয়েকবার ব্যর্থতার মুখ দেখেছেন! এই ভাবে নিজেকে একটা শ্রেণীভুক্ত করাটা একটা অভ্যাসে পরিণত হয়ে পড়তে পারে... যেটা সম্ভবকেও অসম্ভব করে তোলার রাস্তাকে খুলে দেয়!

আপনি কি নিজের সীমিত মূল্যাংকনের তুলনা অন্য ব্যক্তিদের সঙ্গে করেন? না কি আপনি তার ব্যতিক্রম?

21. সঠিক প্রশ্ন করে নিজের বদভ্যাসকে পাল্টান!

আপনি হয়তো বেশ কয়েকবার নিজের ওজন কম করার চেষ্টা করেছেন... কিন্তু হয়তো প্রতিবারই আপনি ব্যর্থ হয়েছেন! আপনি কি

> *মস্তিস্কের কোন সীমা নেই, যতক্ষন না কোন সীমারেখা মেনে নেওয়া হচ্ছে!*
>
> **– অজানা**

নিজেকে প্রশ্ন করেছেন ? কি করে আমার ভুঁড়ি ভরবে ? আমার ফেবারিট ভাজাভুজি খাবার কোন্‌টা ? এছাড়াও, নিজেকে প্রশ্ন করুন – কোন্ খাবার আমাকে শক্তি প্রদান করবে ? কোন্ হাল্কা স্যুপ আমাকে এনার্জী প্রদান করবে ? আপনিও যদি খাবার খাওয়ার প্রতি লালায়িত হয়ে থাকেন যে, এই খাবার খেলে আমার ওজন কত কিলো বাড়বে ? তারপর কি আমি নিজের উদ্দেশ্যে সফল হতে পারব ?

প্রশ্নে পরিবর্তন আপনার বদভ্যাসের ভেতরে পরিবর্তন আনবে এবং আপনার জীবনের গুণবত্তার উ তি হবে !

আপনি কি চান ? এই বিষয়ে চিন্তা করা উচিত, নাকি উচিত নয় ? উদাহরণ হিসেবে, ধূমপান ছাড়ার ব্যাপারে চিন্তা করার বদলে এমনটা চিন্তা করুন যে, কি করে সুস্থ থাকা যায় ? এতে আপনি মুখ্য বিন্দুতে নিজের মনোযোগ কেন্দ্রিত করতে সহায়তা পাবেন এবং উদ্দেশ্যকে প্রাপ্ত করা আপনার পক্ষে সহজ হয়ে উঠবে ! আপনি কি চান এবং তাতে কি-কি বাধা আছে, সেগুলোকে জানুন !

22. সঠিক প্রশ্ন !

পরিবর্তনকে আনন্দের সঙ্গে যুক্ত করুন.. কিন্তু দুঃখকে কোন পরিবর্তনের সঙ্গে যুক্ত করবেন না !

1. আমি যদি পরিবর্তন না আনি, তাহলে আমার ওপরে সেটার কি প্রভাব পড়বে ?
2. আমার জন্য প্রতিটা পরিবর্তন কতটা গুরুত্বপূর্ণ ? আমি কি কিছু হারাব ?
3. নিজের ভাবনাত্মক, শারীরীক, আর্থিক এবং আধ্যাত্মিক দিকগুলোর মূল্যাংকন করুন !
4. এটা কি আমার কাজ এবং সম্পর্ককে প্রভাবিত করবে ?

এবার নিজেই নিজেকে প্রশ্ন করুন ঃ-

1. যখন আমি পরিবর্তন আনব, তখন নিজের ব্যাপারে আমি কেমন অনুভব করব ?
2. আমার সব থেকে প্রিয় ব্যক্তিরা কেমন অনুভব করবে ?
3. আমি কতটা খুশী হতে পারব ?

কারো থেকে প্রেরণা নিয়ে বা কাউকে নিজের আদর্শ বানিয়ে কোন ক্ষেত্রে সফলতা পাবার প্রচেস্টা আপনার কাছে এক নতুন প্রশ্ন ! এটা এমন এক অভিজ্ঞতা, যেটাকে আপনি আত্মসাত করতে চান !

23. সঠিক প্রশ্ন প্রণালী কি ভাবে কাজ করে ?

আপনি যা খুঁজছেন, তার প্রতি জাগরুক থাকুন ! নিম্নলিখিত

অভিজ্ঞতাকে উদাহরণ হিসেবে গ্রহণ করার চেষ্টা করুন! এটাকে এক অপরিচিত ক্ষেত্রে করুন! এক মিনিট সময় ধরে নিজের আশপাশের পরিবেশ সম্বন্ধে চিন্তা করুন এবং নিজেকে প্রশ্ন করুন ঃ-

'আমি হলুদ রং কোথায় দেখি ?' সেই রং সম্পর্কিত সকল তথ্য নোট করে নিন! তারপর নিজের চোখ বন্ধ করে নিন! মনে-মনে সবুজ রং স্মরণ করুন! এমনটাও হতে পারে যে, আপনার খয়েরী রং সম্পর্কে সব কিছু মনে পড়ে যাবে, কিন্তু আপনার মস্তিষ্কে সবুজ রং-য়ের সম্পর্কে কিছুই প্রকট হবে না! এবার নিজের চোখ খুলুন... আপনার সব কিছুই সবুজে-সবুজ বলে মনে হবে!

'যাকে খুঁজবেন, তাকে পেয়ে যাবেন!'

24. এটা নিজের বাথরুমের আয়নায় চিপ্‌কান!

1. বর্তমানে আমি নিজের জীবনে কি কারণে খুশী ? কোন্ জিনিষটা আমাকে খুশী করে তোলে ?
2. বর্তমানে আমি নিজের জীবনে কি কারণে আন্দোলিত ? কোন্ জিনিষটা আমাকে আন্দোলিত করে তোলে ?
3. আমি আজ কি দিয়েছি ? কি ভাবে আমি সেই জিনিষটায় সহযোগী ?
4. আমি আজ কি শিখেছি ? আজ আমি বিশেষ রূপে নতুন কি করেছি ?
5. আজ আমার জীবনের গুণবত্তা কি ভাবে উ ত হয়েছে ? আজ করা নিবেশ ভবিষ্যতে কেমন কাজে আসবে ?

25. প্রশ্নকে প্রভাবশালী করে তুলুন!

নেতিবাচক মুহূর্তগুলোকে দূরে সরিয়ে দেবার জন্য নিজেকে প্রশ্ন করুন–*'এর মধ্যে বিশেষত্ব কি আছে ?'* মনে রাখবেন, আমরা নিজেদের অভিজ্ঞতার সঙ্গে যে কোন ধরনের সম্পর্ক বা অর্থ স্হাপিত করতে পারি! নিজেকে করার মত বিতীয় প্রশ্ন হল – কেন্দ্রিত মনোযোগ (ফোকাস)-য়ের প্রয়োগ সমাধানের জন্য *'কেন'*-র তুলনায় *'কি করে'*-র ওপর কি করে করা যেতে পারে ?

এগুলোকে সকালের প্রশ্নের মধ্যে শামিল করুন! নিজেদের জীবনের বিশেষ ঘটনাগুলোর সঙ্গে অর্থ এবং সম্পর্ক স্হাপিত করার জন্য একমাত্র আমরাই দায়ী! এই জিনিষটা আমাদের ওপরেই নির্ভর করে

> *সম্প তা আর বিপ তা আমাদের চিন্তাধারারই ফসল!*
> **– অজানা**

যে, যদি আমরা নেতিবাচক পরিস্থিতির মোকাবিলা করি, তাহলে তার মোকাবিলা নেতিবাচক ভাবে করা উচিত, নাকি তার বিপরীত ? আপনি যদি কষ্ট পেয়ে থাকেন, তাহলে আপনাকেই এটা বেছে নিতে হবে যে, প্রতিদানে আপনি অন্যদেরও কষ্ট দেবেন, না কি এই পৃথিবীটাকে সুন্দর করে তোলার চেষ্টা করবেন অথবা যদি আপনার সঙ্গে ঠিক ব্যবহার করা হয়ে থাকে, তাহলে আপনিও অন্যদের প্রতি সংবেদনশীল হতে চাইবেন ?

26. নিজের কল্পনার পৃথিবীতে অসীমিত ব্রহ্মাণ্ডের সৃষ্টি করুন !

নিজেকে বিশ্বাস করুন ! আপনি যদি এমনটা বিশ্বাস করেন যে, আপনি সৎ... তাহলে আপনি নিশ্চিন্ত থাকতে পারেন যে, আপনি সৎ ! আপনি এই নিশ্চিন্ততা কি করে পেলেন ?

নিজের চিন্তাধারাকে টেবিলের ওপরের অংশ বলে মনে করুন– এমন টেবিল, যেটা চারটে পায়ার ওপরে দাঁড়িয়ে আছে ! এই নিশ্চিন্ততার পায়া আপনি নিজের অভিজ্ঞতা দ্বারা প্রাপ্ত করেছেন ! যেমন ধরুন, যখন আপনি স্কুলে ভালো ফল করেছিলেন, তখন আপনাকে চালাক-চতুর এবং তীক্ষ্ম বুদ্ধিসম্প বলা হয়েছিল, তবুও আমরা পুরোন অভিজ্ঞতার প্রসঙ্গের ওপরে নির্ভরশীল নই ! আমরা নিজেদের কল্পনাশক্তির দ্বারা প্রসঙ্গ তৈরী করতে পারি... যেমনটা ***শ্রী চন্দ্রশেখর তেওয়ারী*** মারাত্মক অসুখের মোকাবিলা করার জন্য নিজের কল্পনাশক্তির প্রয়োগ করেছিলেন ! ***রজার ব্যানিস্টার*** কাল্পনিক প্রসঙ্গের প্রয়োগ করেছিলেন যে, উনি এক মিনিটের কম সময়ে এক মাইল ছুটতে পারেন !

27. বিশ্বাস / চিন্তাধারা !

যে কোন উদ্দেশ্যের সফলতা আমাদের বিশ্বাসের ওপরে নির্ভর করে যে, আমরা সেই উদ্দেশ্যের সফলতার যোগ্য কি না ? আপনার বিশ্বাস এবং ফোকাস আপনার অতীতের অভিজ্ঞতার ওপরে নির্ভর করে... যেটা নেতিবাচক বা ভাবনাত্মক চিন্তাধারা হতে পারে ! বেশীর ভাগ ক্ষেত্রে দু ধরনের চিন্তাধারাই আমাদের ভেতরে সমাহিত হয় !

যে কোন চিন্তাধারা একটা বিশ্বাসের রূপ নিতে পারে, যদি আমরা প্রসঙ্গ আর অভিজ্ঞতাকে এই কাজে সহায়ক করে তুলি ! নীচের বাক্যগুলোর ওপরে চিন্তা-ভাবনা করুন ঃ-

1. লোকেরা সাধারণতঃ সৎ এবং ভালো হন !
2. লোকেরা নিজেদের জন্যই বেঈমান হন !

এমনটা হতে পারে যে, আপনার এমনটা বিশ্বাস করার পক্ষে যথেস্ঠ অভিজ্ঞতা রয়েছে যে, লোকেরা ভেতর থেকে খারাপ হন ! আপনি যদি অন্য অভিজ্ঞতাগুলোর দিকে দৃষ্টি দেন, তাহলে আপনি সহজেই এমনটা

মনে করবেন যে, লোকেরা ভেতর থেকে ভালো আর সৎ হন!

আপনার কাছে এমনটা বিশ্বাস করার যথেষ্ঠ কারণ থাকে!

28. নিজের বিশ্বাসকে বুঝুন!

বিশ্বাস আমাদের নির্ণয় নেবার জন্য সক্ষম করে তোলে যে, দুঃখকে কি করে দূর করা যায়? কখনো-কখনো সব থেকে বেশী দুঃখ আর ভয়ের মহূর্তে আমরা বিশ্বাসের রূপে পরিত্রাণ খুঁজি! আপনি কি এটা জানেন যে, যদি কোন ব্যক্তি প্রচণ্ড মানসিক যন্ত্রণা বা আঘাত পায়, তাহলে প্রেম-ভালবাসার ওপর থেকে তার বিশ্বাস শেষ হয়ে পড়ে!

কিছু লোক এমন চিন্তাধারার কারণে প্রচণ্ড জেদী হয়ে ওঠেন, এমন কি তাঁরা মৃত্যুকে বরণ করে নেওয়াটাকেও বেশী পছন্দ করেন! আপনার দৃঢ় বিশ্বাস আপনাকে কি শক্তিশালী করে তোলে, নাকি শক্তিহীন!

29. সফলতার রহস্য!

প্রতিভাই কি সফলতার রহস্য? সত্যিকারের প্রতিভা নিজের সমস্ত শক্তিকে নিশ্চিততার পরিস্থিতির অনুরূপ করে তোলার মধ্যে লুকিয়ে আছে!

হাবার্ডে, ***বিলগেট*** কোনদিনও কম্প্যুটার চোখেও দেখেন নি, তবুও উনি সোফট্ওয়ার দেবার প্রতিশ্রুতি দিয়েছিলেন! এটা ছিল ওনার নিশ্চয়তার ধারণা, যেটার দ্বারা উনি নিজের সঙ্গতিকে গতিশীল করে তুলেছিলেন এবং নিজের ভবিষ্যত নির্মাণ করেছিলেন!

30. কল্পনা অসম্ভবকে সম্ভব করে তোলে?

প্রায়ই আমাদের মস্তিষ্ক সত্যিকারের অভিজ্ঞতা আর কল্পনার ভেতরে পার্থক্য নিরূপন করতে পারে না! আইনষ্টাইন বলে গেছেন–*জ্ঞানের থেকে কল্পনাশক্তি অনেক বেশী শক্তিশালী!'*

এমন অনেক ব্যক্তি আছেন, যাঁরা নতুন অভিজ্ঞতাকে ভয় পান... অন্য দিকে কিছু ব্যক্তি এই সব অভিজ্ঞতাকে গ্রহণ করার চেস্টা করেন... কারণ ওনারা ইচ্ছিত পরিণাম প্রাপ্ত করার জন্য বিভি কল্পনার আশ্রয় নিয়েছেন!

এমন উদ্দেশ্য বেছে নিন, যেটা আপনাকে উদ্বেলিত করে! এক নতুন অভিজ্ঞতা হতে দিন! নিজের সফলতার কল্পনা করুন!

31. বিপত্তির মোকাবিলা!

এটা জানা অত্যন্ত জরুরী যে, প্রতিকূল পরিস্থিতির মোকাবিলা কি করে করা যায়? সফল ব্যক্তিরা প্রতিকূলতাকে অস্থায়ী বলে মনে করেন, অন্য দিকে অসফল ব্যক্তিরা এটাকে স্থায়ী বলে মনে করেন! ***ডঃ মার্টিন সেলিগম্যান*** এটাকে পাণ্ডিত্যপূর্ণ অসহায় অবস্থার সংজ্ঞা

দিয়েছেন, যেটা হচ্ছে নিম্নলিখিত চিন্তাধারার পরিণাম ঃ-

1. সমস্যা অস্হায়ীর তুলনায় বেশী স্হায়ী!
2. সমস্যা ব্যাপক!
3. সমস্যা ব্যক্তিগত!

32. বিশ্বাস – সফলতার চাবিকাঠি!

আশা কাজ করার ক্ষমতাকে বাড়ায়, যাকে পিগম্যালিয়ন প্রভাব বলে! আমরা আমাদের রিসার্চে অধ্যাপকদের বলেছিলাম যে, কিছু বাচ্চা নিজেদের ক্লাশে প্রতিভাসম্প হয় আর তাদের প্রতিভাকে বাড়াবার জন্য লাগাতার ঘষা-মজা করার প্রয়োজন! অধ্যাপকেরা এমনটাই করলেন আর যেসব ছাত্রদের মেধাবী বলে বেছে নেওয়া হয়েছিল, তারা ভালো ফল দেখাল! এখানে এটা জানানো প্রয়োজন যে, এমন কোন অধ্যয়ন আগে থেকে করা হয়নি যে, অমুক ছাত্র মেধাবী আর অমুক ছাত্র পড়াশোনায় দুর্বল! এই অধ্যয়ন এটা প্রমাণ করে যে, বিশ্বাসের গুরুত্ব কতটা?

33. পরিবর্তিত ক্রিয়া-বিধি!

পরিবর্তন কি করে হয়? যখন আমরা নিজেদের কাজ করার পদ্ধতিতে পরিবর্তন আনি এবং নিজেকে নার্ভাস সিস্টেমের সঙ্গে যুক্ত করি... তখনই এমনটা হয়! তারপর অভিজ্ঞতাতেও পরিবর্তন আসে! মদ্যপান যতক্ষন পর্যন্ত্য আপনাকে আনন্দ দেবে, আপনি ততক্ষন মদ্যপান করে যাবেন! আপনি যখন মদকে নিজের কুণ্ঠা, পথ-দুর্ঘটনা... এমনকি মৃত্যুর সঙ্গে যুক্ত করবেন... একমাত্র তখনই পরিবর্তন আসবে! যন্ত্রণা এবং আনন্দের অনুভব হওয়াটা আমাদের নার্ভাস সিস্টেমের সঙ্গে যুক্ত হয়ে থাকে! নার্ভাস সিস্টেমের সঙ্গে যুক্ত হওয়াটা আমাদের ব্যবহারকে নির্দিষ্ট করে তোলে!

34. একটা মুহুর্তই যথেষ্ঠ!

সমস্যা যত দ্রুত উৎপ হয়, সমস্যার সমাধানও ততটাই দ্রুত বেরিয়ে আসে! আপনি যখনই নিজের অভ্যাসে পরিবর্তন আনার জন্য বেশী সময় নিয়েছেন, তার পেছনে কারণ হল এটা যে, আপনি এটা অনুভব করতেও বেশী সময় নিয়েছেন যে, আপনাকে অবশ্যই পরিবর্তন আনতে হবে! নিজের ভেতরে এমন বিশ্বাস উৎপ করুন যে, আপনি

> *আজকের যুগের সব থেকে বড় রোগ কুষ্ঠ বা টি. বি. নয়, বরং প্রতিটি মানুষের কর্তব্যবিমুখতা!*
>
> **– মাদার টেরেসা**

এখনও নিজেকে বদলাতে পারেন!

লোকেরা নিজেদের অতীতের ব্যর্থতার সঙ্গে পরিবর্তনকে যুক্ত করে এবং এমনটা মনে করে যে, অভ্যাসে পরিবর্তন আনতে হলে দীর্ঘ প্রক্রিয়ার ভেতর দিয়ে যেতে হবে!

এই ধরনের মানসিক বাধা পরিবর্তন আনার কাজে বেশী সময় নেয়! এইসব বাধাকে দূরে সরিয়ে দিন এবং এমনটা অনুভব করুন যে, নতুন পরিবর্তন বা নতুন কাজ নতুন পরিণামের জন্ম দেবে! আপনি এটাকে অস্বীকার করার হয়তো চেষ্টা করবেন... কিন্তু এটাই সত্য!

35. পরিবর্তনের দক্ষতা!

আপনি কি কখনও ঘরের জানলায় মাছিকে ফেঁসে যেতে দেখেছেন! ও বাঁচার চেষ্টা করতে থাকে আর জানলার কাঁচের সঙ্গে ঠোকর খেতে থাকে! এমনটা মানুষদের সঙ্গেও হয়! হতে পারে যে, মানুষ প্রেরিত হয়... কিন্তু ও যদি এমন দিকে প্রচেষ্টা করতে থাকে, যেদিকে ব্যর্থতা নিশ্চিত... তাহলে ও কোনদিনও নিজের উদ্দেশ্যে সফল হতে পারবে না!

নিজের ব্যবহারিক অভ্যাসগুলোকে ত্যাগ করুন! আনন্দপূর্ণ পদ্ধতিতে এই সব সীমারেখাকে ভেঙে ফেলুন!

আমরা আমাদের মস্তিষ্ক আর শরীরকে দিয়ে ততক্ষন পর্যন্ত্য একই ধরনের কাজ করতে থাকি, যতক্ষন পর্যন্ত্য না সেটা অভ্যাসে দাঁড়িয়ে যাচ্ছে! আমরা রোজ বাড়ীর বাইরে যাবার জন্য একই রাস্তার প্রয়োগ করি... তারপর অন্য রাস্তায় পা বাড়াই আর সেই রাস্তাতেই চলতে থাকি!

আমাদের চিন্তাধারা আর ব্যবহার সম্বন্ধীয় অভ্যাস ঠিক তেমনটাই হয়, যেমনটা আমরা কল্পনা করি! নেতিবাচক প্রতিক্রিয়া, রাগ আর অবসাদ ইত্যাদি আমাদের অভ্যাসের মধ্যে শামিল থাকে! নিজেকে খুশী রাখার আর কৃতজ্ঞতা জ্ঞাপন করার জন্য প্রশিক্ষিত করুন!

নিজের পুরোন চিন্তাধারা সম্বন্ধীয় অভ্যাসগুলোর জায়গায় নতুন পরিবর্তনকে গ্রহণ করুন!

> *সত্যিকারের প্রেম এক কোমল ফুলের মত হয়! যদি সেটাকে বাঁচিয়ে রাখতে হয়, তাহলে সেটাকে সাবধানে রক্ষা করতে হবে!*
>
> *যদি আনন্দপূর্ণ মুহুর্ত কাটাবার সময় না থাকে, তাহলে প্রেম উবেও যেতে পারে!*
>
> **– জেমস্ ডবসন**

36. নিজেই নিজেকে পুরস্কৃত করুন!

আপনি কি বাঁদরকে নাচ শেখাতে পারবেন ? আশ্চর্য্য হবার মত কথা হল এটা যে, আপনি নিশ্চয়ই শেখাতে পারবেন... কারণ মানুষ আর জানোয়ারদের মধ্যে পরিবর্তনশীল ব্যবহারিকতা থাকে! ওরা নিজেদেরকে নতুন পরিস্থিতি অনুযায়ী পাল্টে নিতে জানে!

প্রশিক্ষক বাঁদরকে ভালো করে দেখে! বাঁদর যখন খাবারের দিকে এগোয়, তখন প্রশিক্ষক ডাণ্ডার ভয় দেখিয়ে খাবারের দিশাকে পাল্টে দেয় আর বাঁদরকে আরও বেশী খাবারের লোভ দেখায়!

এইভাবে, বাঁদরের ইচ্ছিত দিকে ঘুরে যাবার অভ্যাস হয়ে পড়ে এবং এইভাবে এদিক-ওদিক ডিগবাজী খাওয়াটাকে নাচের মতন দেখতে লাগে!

পছন্দসই পুরস্কারের একটা সূচী তৈরী করুন! আপনি যখন কোন ভালো কাজ করবেন, তখন আপনি মনে-মনে নিজেকে সেই পুরস্কারের সূচীর থেকে একটা পুরস্কার প্রদান করুন!

37. এটাকে পড়ার টেবিলে চিপ্‌কান!

1. নিজের পুরোন ভাবনাত্মক বা ব্যবহারিক অভ্যাসগুলোর কথা চিন্তা করুন, যেগুলোকে আপনি নিজের দুঃখ-কষ্টের সঙ্গে যুক্ত করেন!
2. খুশী বা আনন্দকে নিজের নতুন প্যাটার্নের সঙ্গে যুক্ত করুন!
3. আপনার নতুন প্যাটার্ন কি আপনার উদ্দেশ্য এবং বিশ্বাসের সঙ্গে মেলে এবং এগুলোকে প্রাপ্ত করার কাজে সহায়ক হয় ?
4. পুরোন প্যাটার্নের লাভগুলোকে সযত্নে রাখুন! আপনি যদি এর আগে নিজের টেনশন কম করতে ধূম্রপান করেন, তাহলে এবার তার বদলে কোন স্বাস্থ্যবর্ধক উপায়ের কথা চিন্তা করুন!
5. এমনটা কল্পনা করুন যে, আপনি পরিবর্তিত প্রকৃতি অনুযায়ী ব্যবহার করছেন এবং আপনার পুরোন অভ্যাসগুলো বদলে যাচেছ !

38. নেতিবাচক দৃষ্টিভঙ্গী পরিত্যাগ করুন!

আমরা বিভি পরিস্থিতিকে পরিভাষিত করার জন্য বিভি অলংকরণের প্রয়োগ করি, যেমন–*জৈবন এক জুয়া'* বা *জৈবন এক যুদ্ধ'* ইত্যাদি-ইত্যাদি! এই ধরনের অলংকরণ আমাদের জীবনের বিভি ক্ষেত্রকে প্রভাবিত করে! জীবন যদি সত্যি-সত্যিই যুদ্ধ হত, তাহলে বেঁচে থাকাটাই মুশ্কিল হয়ে পড়ত! এর অর্থ হল এই যে, আপনার জীবনে যুদ্ধের অর্থ হেরে যাওয়া বা মারা যাওয়ার প্রতীক!

প্রাকৃতিক সুর-তালের সঙ্গে কি জীবনের নাচ আর গান চলতে

সফলতার সিঁড়ির ওপরের প্রান্তে ভীড় থাকে না!

পারে ? সফল ব্যক্তিদের অভিধানে নেতিবাচক শব্দ খুব কমই থাকে ! শব্দ চিন্তাধারাকে আরও বেশী শক্তিশালী করে তোলে ! আপনি যে মুহুর্তে চিন্তাধারাকে শব্দে ব্যক্ত করেন, ওটা আপনার চিন্তাধারাকে একটা অর্থ প্রদান করে ! সফলতার পথে এগিয়ে চলার জন্য নেতিবাচক শব্দকে নিজের জীবনে যতটা কম সম্ভব ব্যবহার করুন !

ব্যবহার করবেন না	*ব্যবহার করুন*
আমি চিন্তিত	আমি সংশ্লিস্ট
আমি অবসাদে ভুগছি	আমি স্হির
আমি রেগে আছি	আমি চিন্তাশীল
এটা বোর করছে	এটা সিরীয়াস
আমি বোর হচ্চি	পরিবর্তনের প্রয়োজন
আমি ব্যর্থ	আমি চিনে নিতে সফল
আমার ব্যর্থতা	

39. থমাস এডিসন নিজের সফলতাকে কি ভাবে পরিভাষিত করেছিলেন ?

10,000 ব্যর্থ পরীক্ষণ করার পরে লীড ব্যাটারীর আবিস্কার করার ব্যাপারে এক সাংবাদিক ***থমাস এডিসন***-কে প্রশ্ন করেছিলেন–*'নিজের ব্যর্থ পরীক্ষণগুলোর সম্বন্ধে আপনার অনুভূতি কেমন ?'* ***এডিসন*** জবাব দিয়েছিলেন–*'ওগুলো আমার ব্যর্থতা ছিল না ! এখন আমি এমন 10,000 পদ্ধতির ব্যাপারে জানতে পেরে গেছি, যার দ্বারা ব্যাটারী আবিস্কার করা যায় না !'*

40. নিয়ন্ত্রিত অভিধান !

নিজের কথাবার্তা থেকে নীচের ছয় (6)-টি শব্দকে বের করে দিন !

1. কাজের চাপে চাপা পড়ে থাকা / অত্যধিক কাজের চাপ !
2. একাকীত্ব !
3. অপরাধ বোধ !
4. অপূর্ণতা !
5. হতাশা !
6. নিরাশা !

দৃঢ় ব্যক্তি ভাগ্যে বিশ্বাস করে ! চপলচিত্ত ব্যক্তি সুযোগের ওপরে নির্ভর করে !

41. নিম্নলিখিত শব্দগুলোকে মুখস্থ করে নিজের জীবনকে শক্তিশালী করে তুলুন!

1. প্রেম
2. সতেজতা
3. আত্মবিশ্বাস
4. নমনীয়তা
5. জীবনীশক্তি
6. উত্তেজনা
7. কামেচ্ছা
8. প্রশংসা
9. কৃতজ্ঞতা
10. দৃঢ় সংকল্প
11. কৌতূহল

42. দেরীতে হলেও সফলতা পাওয়া যায়!

নিজের মস্তিষ্কে সর্বদা দৃঢ়তা বজায় রাখুন! স্টোন কটোরের ব্যাপারে ভাবুন... ওটা কি করে বড়-বড় পাথরকেও দু টুকরো করে দেয়? ওটা পূর্ণ শক্তিতে আঘাত হানে! হয়তো প্রথম আঘাতে পাথরের ওপরে আঁচড়ও পড়ে না... তবুও ও আঘাত করে চলে!

ও এটা ভালো করে জানে যে, ওর প্রচেস্টা বিফল হচেছ... তবুও ও দৃঢ়তার সঙ্গে নিজের কাজ করে চলে!

যদি আমরা পরিণাম দ্রুত দেখতে নাও পাই, তাহলে তার অর্থ এটা মোটেই নয় যে, কিছুই ঘটছে না!

পাথর ভাঙার কাজে নিযুক্ত ব্যক্তি লাগাতার আঘাত হেনে চলে আর একটা সময় এমনও আসে, যখন পাথর টুকরো-টুকরো হয়ে পড়ে! এটা কি সেই ব্যক্তির শেষ আঘাত ছিল – যেটা পাথরকে ভেঙে ফেলেছে? নিশ্চিত রূপে নয়! এটা ছিল সব ক'টা আঘাতের সংযুক্ত প্রভাব... যার ফলে পাথর টুকরো-টুকরো হয়ে পড়েছে! অন্য ভাষায় বলতে গেলে বলতে হয় যে, সেটা ছিল লাগাতার প্রচেষ্টার পরিণাম... যার ফলে শেষ পর্যন্ত্য সফলতা এসেছে!

43. ভালো অনুভব করাটা কঠিন নয়!

আপনি যদি জীবনে অসুবিধা অনুভব করেন, তাহলে সেটা আপনার বর্তমান কাজের পরিণাম হতে পারে বা আপনার চিন্তাধারার পরিণামও হতে পারে! আমরা এটাকে আপনার *রৈতিশাস্ত্র'* বলতে পারি!

আপনি যদি নিজের অনুভব করার পদ্ধতিকে পছন্দ না করেন, তাহলে হয় নিজের পদ্ধতিকে বদলান, নয়তো নিজের কার্যশৈলীকে বদলান!

> *মানুষ পরিস্থিতির গোলাম নয়, বরং পরিস্থিতিই মানুষের গোলাম হয়!*

আপনি এটা জেনে অবাক হয়ে উঠবেন যে, বেশীর ভাগ লোক এমন পরিস্থিতির সৃষ্টি নিজেরাই করেছেন, যেটা ওনাদের নেতিবাচক দিকটার অনুভব করায়! অন্য দিকে, কিছু লোক ইতিবাচক চিন্তাধারার দ্বারা নিজেদের জীবনকে সুখী করে তোলেন!

তাহলে আপনিও ভালো অনুভব করার জন্য ভালবাসার, ভালবাসা পাবার, ইতিবাচক চিন্তাধারা এবং আনন্দপূর্ণ জীবন যাপন করার সহজ নিয়মগুলোকে গ্রহণ করুন!

ইতিবাচক চিন্তাধারার আশ্রয় নিন, যাতে জীবনে আপনি বেশী ভালবাসা, সুখ আর আনন্দ প্রাপ্ত করতে পারেন!

44. ঘনিষ্ঠ সম্পর্ক গড়ে তুলুন!

আপনি যদি সব সময় অন্যদের ওপরে ক্ষুব্ধ হয়ে থাকেন, তাহলে তার কারণ এটা হতে পারে যে, আপনার জীবনের প্রধান এবং প্রাথমিক নিয়মগুলো গড়বড় হয়ে গেছে! আপনি যে সমস্যায় ভরে উঠেছেন, সেটা কোন ব্যক্তির কারণে নয়... উল্টে নিজের বিশ্বাস, নিজের স্তর আর নিয়মের উল্লংঘন করার কারণে! হয়তো আপনি নিজের ব্যবহারিক নিয়ম-কানুনগুলোকে ভুলে গেছেন! এর পরের বার এটা মাথায় রাখবেন যে, আপনি কোন ব্যক্তির ওপরে ক্ষুব্ধ হচেছন না... এটা বর্তমান পরিস্থিতির কারণে হচেছ! আপনি নিজেকে প্রশ্ন করুন যে, আমার কাছে নিয়ম বেশী গুরুত্বপূর্ণ, নাকি ব্যক্তিদের সঙ্গে সম্পর্ক? আপনার পুরোন অভ্যাসগুলোয় যে কোন প্রকারের বাধা, দ্বন্দ্বের পরিস্থিতির সৃষ্টি করে তোলে!

এখানে এটা জানাবার কোন প্রয়োজন নেই যে, সীমিত অভিব্যক্তি জীবনকে সীমিত করে তোলে! উ তির জন্য নিজের পুরোন অভ্যাসগুলোকে ত্যাগ করুন... নতুনত্ব আনুন! মহান চিন্তাধারা আপনাকে বৈদ্যুতিক শক্ মোটেই দেবে না... বরং আপনাকেই নিজের জীবনে সেটাকে নিয়ে আসতে হবে!

45. আপনার বিশেষ পরিচিতি!

আপনি বিশেষ পরিচিতি কি করে প্রাপ্ত করেন? আপনি অতুলনীয়, অদ্বিতীয়... এমনটা আপনার অভিজ্ঞতার জন্যই হয়! আপনার কাজ আপনার নার্ভাস সিস্টেমে রেকর্ড করা আছে, আপনার চেতন স্মৃতিতে নয়!

> *জ্ঞানের থেকে বেশী গুরুত্বপূর্ণ হচেছ কল্পনা!*
> **– *এ্যালবার্ট আইনস্টাইন***

এই সম্পূর্ণ চেতন আর অবচেতন স্মৃতিকে *প্রেসঙ্গ'* বলে! আপনি যা কিছু দেখেছেন-শুনেছেন-শুঁকেছেন-অনুভব করেছেন... সেগুলো আপনার বিশাল হার্ড-ডিস্ক অর্থাৎ মস্তিস্কে লুকোন আছে! এইসব প্রসঙ্গ এবং অভিব্যক্তি হচেছ সেগুলো... যাদের ওপরে আমরা নির্ভর করি, যাদের ওপরে আমরা ভরসা করি বা যাদের আমরা বিশ্বাস করি! এইসব প্রসঙ্গ সেগুলো নয়, যা আমাদের জীবনকে আকার প্রদান করে... বরং এগুলো হচেছ সেইসব অর্থ... যাদের সঙ্গে আমরা সম্বন্ধিত!

46. ফোকাস অনুপাত – 95 : 5 ফর্মূলা!

ভাবনাত্মক কোলাহলের পরিস্থিতিতেও সফল ব্যক্তি স্পষ্ট, শক্তিশালী এবং কেন্দ্রিত হয়ে থাকে! এজন্য মুখ্য কথা হচেছ এটা যে, এসবের মধ্যে সন্তুলন কি করে বানানো যায়?

নিজের কম পক্ষে 95% সময় সমাধান খোঁজার কাজে ব্যয় করুন!

47. আপনি ব্যর্থ হতেই পারেন না!

প্রতিটি মানুষকেই জীবনে সফলতার স্বাদ চাখার আগে নিশ্চিত রূপে ব্যর্থতা, অস্থায়ী পরাজয়ের মুখোমুখি হতে হয়! যখন পরাজয় মানুষের ওপরে প্রভাব বিস্তার করতে থাকে, তখন লোকেরা সব থেকে সহজ যে পথটা গ্রহণ করে, সেটা হল পলায়ন!

বেশীর ভাগ মানুষ এমনটাই করে!

সফল ব্যক্তিদের এক সার্ভেতে এটা জানা গেছে যে, বড় সফলতা ব্যর্থতার ঠিক এক পা পেছনে থাকে! ব্যর্থতার মধ্যেই সফলতা লুকিয়ে থাকে! আপনি যদি জীবনে সফল হতে চান, তাহলে উদ্দেশ্যপ্রাপ্তি পর্যন্ত্য প্রচেস্টা চালিয়ে যান! যদি কোন কাজকে আপনি ঠিক বলে মনে করেন আর সেটার প্রতি আপনার ভেতরে দৃঢ় বিশ্বাস থাকে, তাহলে এগিয়ে যান আর সেই কাজটা করুন! নিজের উদ্দেশ্যকে নিজের সামনে রাখুন! যদি কখনো অস্থায়ী পরাজয় বা ব্যর্থতার মুখোমুখি হতেও হয়, তাহলেও বিচলিত হবেন না! কোন মানুষই ততক্ষন পর্যন্ত্য পারে না, যতক্ষন পর্যন্ত্য না ও সত্যি-সত্যি হার মেনে নিচেছ!

48. নেতিবাচক চিন্তাধারা ভুল কেন?

যখন মানুষ কোন চিন্তাধারাকে নিজের মস্তিস্কে স্থান দেয় এবং ভাবনার সঙ্গে সেটাকে মেলায়, তখন প্রেরণাদায়ক শক্তি নির্মাণ হয়... যেটা মানুষের প্রতিটি কাজ, ক্রিয়া এবং মনোযোগকে সঞ্চালিত এবং

> *আমি কখনো নিরুৎসাহ হই না... কারণ আমার প্রতিটা ব্যর্থ প্রয়াস আমাকে এগিয়ে চলার প্রেরণা জোগায়!*

নিয়ন্ত্রিত করে!

চিন্তাধারা ভাবনার সঙ্গে মিশ্রিত হয়ে উঠে এক চুম্বকীয় শক্তির নির্মাণ করে! তারপর ঐ ধরনের অন্য চিন্তাধারাকে এই শক্তি নিজের দিকে আকৃষ্ট করে!

এই ধরনের চিন্তাধারাকে ভাবনার সঙ্গে চুম্বকীয় শক্তি প্রদান করুন, তারপর বীজের সঙ্গে তুলনা করুন... বীজকে যখন উর্বর জমিতে পুঁতে দেওয়া হয়, তখন বীজ অংকুরিত হয়ে পড়ে এবং তারপর বিভি শাখা আর বীজের মধ্যে ছড়িয়ে পড়তে থাকে! সেই সময় পর্যন্ত ছড়িয়ে পড়তে থাকে, যতক্ষন না সেই একটা বীজ থেকে অসংখ্য বীজ সৃষ্টি হয়ে পড়ছে! ঠিক সেইরকম আপনি যদি নিজের মস্তিস্কে নেতিবাচক চিন্তাধারাকে ঠাঁই দেন, তাহলে সেটা কয়েক গুণ বেড়ে উঠে আপনার গোটা মস্তিস্কে ছেয়ে থাকবে! এজন্য ইতিবাচক চিন্তাধারাকে গ্রহণ করা উচিত!

49. আভ্যন্তরীন প্রেরণা দ্বারা সিদ্ধান্ত – শীঘ্র সফলতার চাবিকাঠি!

25,000-রও বেশী এমন মহিলা এবং পুরুষদের বিশ্লেষণ করা হয়েছিল... যাঁরা ব্যর্থতার মোকাবিলা করেছেন! ওনারা এটা জানিয়েছেন যে, দৃঢ় নিশ্চয়তা এবং নির্ণয় নেবার ক্ষেত্রে অক্ষমতাই ওনাদের ব্যর্থতার পেছনে মুখ্য কারণ ছিল! বিভি বিশ্লেষণ থেকে এটা জানা গেছিল যে, প্রায় সবার ভেতরেই শীঘ্র পরিণাম পাবার তাড়া ছিল! ওনারা যখন ধীরে-ধীরে নিজেদের দৃষ্টিভঙ্গীর মধ্যে পরিবর্তন নিয়ে এলেন, তখন ওনারা জীবনের পথে এগিয়ে চলতে লাগলেন! যেসব ব্যক্তিরা নিজেদের জীবনে বেশী টাকা-পয়সা জমাতে পারেননি, তাঁদের ভেতরে কয়েকজন ব্যতিক্রমকে বাদ দিয়ে প্রায় সবার ভেতরেই শীঘ্র পরিণাম পাবার একটা প্রবৃত্তি ছিল!

যেসব ব্যক্তি তৎক্ষনাৎ নির্ণয় নিতে জানেন, তাঁরা এই ব্যাপারে নিশ্চিন্ত থাকেন যে, ওনারা ঠিক কি চান? এমন ব্যক্তিরা সাধারণতঃ সফলতা অর্জন করে নেন! জীবনের প্রতিটি ক্ষেত্রের নেতারা তৎক্ষনাত নির্ণয় নেন! আর ঠিক সেই কারণেই ওনারা নেতা হয়ে ওঠেন! এই পৃথিবীতে সেই সব লোকেরাই ঠাঁই পান, যাঁদের কথা আর কাজ এটা পরিস্কার করে জানায় যে, ওনারা ঠিক কোথায় পৌঁছতে চান?

> *ভালো ইচছাশক্তি দ্বারা করা কাজের পরিণাম আমাদের প্রেরণা জোগায়!*
> **– হেনরী ডুমণ্ড**

50. প্রার্থনার বৈজ্ঞানিক ভিত্তি!

আপনি যদি সব কিছু ভালো করে লক্ষ্য করে থাকেন, তাহলে একটা জিনিষ আপনি নিশ্চয়ই লক্ষ্য করেছেন যে, বেশীর ভাগ লোক প্রার্থনার আশ্রয় একমাত্র তখন নেন, যখন ওনারা সব রকম চেষ্টা করে নিরাশ হয়ে ওঠেন! সব রকম ভাবে নিরাশ হয়ে ওঠার কারণে ওনারা প্রার্থনার পথেও সন্দেহ আর ভয়ের সঙ্গে অগ্রসর হন!

আপনি যদি কোন কিছু পাবার জন্য প্রার্থনা করেন... কিন্তু তার সাথে-সাথে নিজের মনে অবিশ্বাসও পোষন করেন যে, যদি সেই জিনিষটা না পাই বা আমার প্রার্থনা বিফল হয়, তাহলে কি হবে?... এর অর্থ হল এটা যে, আপনার প্রার্থনায় বিশ্বাসের অভাব আছে!

আপনার যদি অতীতে করা এমন কোন প্রার্থনার অভিজ্ঞতা থাকে, যে প্রার্থনা করার ফলে আপনি নিজের ইচ্ছিত জিনিষ পেয়ে গেছেন... তাহলে আবার একবার সেই পরিস্হিতি বা স্মৃতির মধ্যে নিজেকে নিয়ে যান এবং সেই সব পরিস্হিতির কথা চিন্তা করুন! তখন আপনি এটা দেখবেন যে, আপনি ইতিবাচক মনঃস্হিতির সঙ্গে প্রার্থনা করতে প্রস্তুত হয়ে উঠেছেন!

আপনি যদি রেডিওর কার্য্যপদ্ধতিকে বোঝেন, তাহলে আপনি এটাও নিশ্চয়ই জানেন যে, ধ্বনিকে ততক্ষন পর্যন্ত্য সম্প্রেষিত করা যায় না, যতক্ষন না তরঙ্গের মধ্যে পরিবর্তন আনা হচ্ছে... যেটা মানুষের কান গ্রহণ করে! রেডিও স্টেশন মানুষের আওয়াজকে গ্রহণ করে তরঙ্গের রূপে পাঠায়! এই প্রকার আকাশের দ্বারাই ধ্বনিকে সম্প্রেষিত করা সম্ভব! এরপরে পরিবর্তনের প্রক্রিয়া শুরু হয়... এনার্জী... যেটা তরঙ্গের রূপে ছিল, সেটাকে ধ্বনির রূপে চেনা যায়!

ঠিক এইরকম, মানুষের অবচেতন মনও রিলে-কেন্দ্রের ভূমিকা পালন করে! ও প্রার্থনাকে চিনে নিয়ে খবর পাঠায় এবং প্রার্থনা বিশেষ যোজনার রূপে পুনরায় সেটাকে গ্রহণ করে! এই সিদ্ধান্তকে বুঝতে পারলে আপনি এটা জানতে পারবেন যে, প্রার্থনা করতে বসে মাত্র কয়েকটা মন্ত্র উচ্চারণ করলেই আপনার মস্তিস্কে সম্প্রেষনের তার যুক্ত হয়ে পড়বে না!

51. ভয়ের ওপরে নিয়ন্ত্রণ পান!

ভয় এক মানসিক স্হিতি ছাড়া আর কিছুই নয়! মানসিক স্হিতিকে নিয়ন্ত্রিত করা এবং তাকে সঠিক দিশানির্দেশ দেওয়াটা মানুষের নিজের

মানুষ মনোরঞ্জন এবং উত্তেজনাপূর্ণ পরিস্হিতির মাঝের পরিস্হিতিতে জীবন যাপন করে!

হাতে থাকে!

মানুষ যতক্ষন পর্যন্ত্য নিজের ভেতরে কোন চিন্তাধারার জন্ম না দিচ্ছে, ততক্ষন পর্যন্ত্য ও কোন কিছুই নির্মাণ করতে পারে না! মানুষের ভেতরে আসা চিন্তাধারা... সেটা ইচ্ছাকৃত হোক্ বা অনিচ্ছাকৃত, তার মধ্যে পরিবর্তনের প্রক্রিয়া শুরু হয়ে পড়ে! ভেতরের চিন্তাধারা, যেটা সংযোগবশতঃ মানুষের মস্তিস্কে আসে, সেটা কারোর জন্য আর্থিক সমৃদ্ধি, সামাজিক প্রতিষ্ঠা, ব্যবসাতে সমৃদ্ধি নিয়ে আসে... ঠিক যেমনটা ব্যক্তির নিজের দ্বারা তৈরী চিন্তাধারা সমৃদ্ধি নিয়ে আসে!

আমরা আপনাকে এখানে একটা গুরুত্বপূর্ণ জিনিষ জানাতে চাই যে, কিছু ব্যক্তি কেন ভাগ্যশালী হয়ে ওঠেন... যখনকি অন্য কোন ব্যক্তি ততটাই যোগ্য হওয়া সত্ত্বেও ভাগ্যহীন হন! এই বাস্তব জিনিষটাকে আমরা এইভাবে বলতে পারি যে, প্রতিটা মানুষের মধ্যেই নিজের মস্তিস্ককে ভালো ভাবে নিয়ন্ত্রিত করার যোগ্যতা থাকে এবং এই নিয়ন্ত্রণ দ্বারা মস্তিস্ককে মনের মত দিশানির্দেশও দেওয়া যেতে পারে!

প্রকৃতি দেবী মানুষকে যে জিনিষটার ওপরে পূর্ণ নিয়ন্ত্রণ করার স্বাধীনতা প্রদান করেছেন, তা হল মানুষের চিন্তাধারা! এই জিনিষটার সঙ্গে একটা বাস্তব ঘটনা এটাও জুড়ে রয়েছে যে, মানুষ যা কিছু নির্মাণ করে, সেটা আগে ওর মস্তিস্কে সৃষ্টি হয়! এই সময় এমনটাও হতে পারে যে, ভয় ওকে কবল করে নিল! এটাও সত্যি যে, সব চিন্তাধারার মধ্যে শারীরীক সমতার প্রবৃত্তি থাকে এবং এই জিনিষটাও ঠিক ততটাই সত্যি যে, ভেতরে বসে থাকা ভয় আর দারিদ্রতাকে সাহস আর আর্থিক লাভে পরিবর্তন করা যায় না!

52. নেতিবাচক ব্যক্তিদের অস্বীকার করাটা আপনার অধিকার!

নেতিবাচক চিন্তাধারার ব্যক্তিরা ***থমাস এডিসন***-কে এটা বোঝাবার পুরোপুরি চেস্টা করেছিলেন য, উনি মানুষের গলার আওয়াজ রেকর্ড করার মেশিন বানাতে পারবেন না! কারণ ওনাদের বক্তব্য ছিল যে, আজ পর্যন্ত্য কেউ এমন কোন মেশিন বানায়নি! ***এডিসন*** ওদের কথাকে পরোয়া করেননি! উনি জানতেন যে, মস্তিস্ক হচ্ছে এমন একটা জিনিষ, যেটা অসম্ভবকে সম্ভব করে তোলে! মস্তিস্ক যে কোন জিনিষ আবিস্কার করতে পারে, সৃজন করতে পারে! জ্ঞান এবং বুদ্ধিমত্তা মহান ***এডিসন***-কে সামান্য লোকেদের ঝাঁক থেকে ওপরে উঠিয়ে দিয়েছিল!

যে ব্যক্তি প্রয়োজনের অতিরিক্ত খাবার খায়, সে প্রয়োজনের অতিরিক্ত পরিণামও ভোগ করে!

ভাগ - দুই

ছাত্র-ছাত্রীদের জন্য !

53. স্মৃতিকে বৈজ্ঞানিক পদ্ধতিতে কি করে দ্বিগুণ করবেন ?

আজকের গলা কাটা প্রতিযোগিতায় ছাত্র-ছাত্রীরা বেশীর ভাগ সময় নিজেদের পড়াশোনার কাজেই ব্যয় করেন, তা সত্ত্বেও ওনারা ইচ্ছিত পরিণাম প্রাপ্ত করেন না... কেন ?

- পড়া জিনিষকে মনে করার ব্যর্থতা !
- ত্রুটিপূর্ণ স্মরণ !
- মনকে একাগ্র করতে না পারা !
- ক্রমশঃ বেড়ে চলা পাঠ্যক্রম !

মস্তিষ্কের রিসার্চ করার ক্ষমতা ঃ

এক পরীক্ষণ অনুযায়ী, আমাদের মস্তিষ্ক দু কোয়াটিলিয়ন একক পর্যন্ত্য তথ্য সংগ্রহ করতে পারে অর্থাৎ দুই-য়ের পরে 18-টি শূণ্য... যেটা 40-টি ভাষায় দক্ষতা অর্জন করা, গোটা এন্‌সাইক্লোপিডিয়া মনে রাখা এবং 12-টি বিশ্ববিদ্যালয় থেকে স্নাতক শিক্ষা পূর্ণ করার সমান ! এই সমস্যাটা আমাদের... মস্তিষ্কের ক্ষমতার নয় !

সমাধান ঃ

বৈজ্ঞানিকদের মত অনুযায়ী, আমাদের মস্তিষ্ক হচ্ছে এক বিরাট বড় লাইব্রেরীর মত... যে লাইব্রেরীতে লাখ-লাখ বই আছে, কিন্তু বইয়ের কোন সূচী বা কোন সুব্যবস্থিত ক্রম নেই !

এমন পরিস্থিতিতে, কোন একটা নির্দিষ্ট বইকে খোঁজা শুধু মুশ্কিলই নয়... কখনো-কখনো অসম্ভবও হয়ে ওঠে ! আজকের যুগের দাবী হচ্ছে এটা যে, নিজের মস্তিষ্কের জন্য একটা সূচী তৈরী করা হোক্, যেটা আমাদের সব কিছু শীঘ্র মনে করতে সহায়তা করবে, ধারণশক্তির উ তিতে সহায়তা করবে এবং দ্রুত আর সঠিক স্মরণ করতেও সহায়তা করবে !

কিছু প্রমাণ ঃ

ডোমিনিক ও' গ্রীণ, বিশ্ব স্মৃতি রেকর্ড ধারক (গিনীজ বুক অফ্ ওয়ার্ল্ড রেকর্ড), যিনি বেশ কিছু বিশ্ব রেকর্ড বানিয়েছেন ! ওনার

> *এই পৃথিবীতে মানুষই হচ্ছে একমাত্র প্রাণী, যে নিজের সন্তানদের বাড়ী ফিরে আসতে দেয় !*
>
> **– *বিল কাস্বী***

তৈরী বিশ্ব রেকর্ডের মধ্যে শামিল রয়েছে 40 সেকেণ্ডের মধ্যে এক প্যাকেট তাসের বিভি ক্রিয়াকে মনে করা এবং 30 মিনিটে 2000 বাইনারী সংখ্যাকে মনে করা!

50 বছর বয়স্ক রাশিয়ান সাংবাদিক ***সোলোমন জো*** এই বয়সেও এটা বলতে পারেন যে, গত 25 বছরে প্রতিটা দিনে কি-কি ঘটনা ঘটেছে! উনি সেই দিনটার তারিখ, আবহাওয়ার অবস্থা ইত্যাদিও সঠিক ভাবে বলে দিতে পারেন! উনি এটাও বলতে পারেন যে, উনি সেই নির্দিষ্ট দিনে প্রাতঃরাশ, লাঞ্চ এবং ডিনারে কি-কি খেয়েছিলেন?

ওনারা কি কম্প্যুটার মেমোরী নিয়ে জন্মেছিলেন?

বিভি রিসার্চ এবং অধ্যয়ন থেকে এটা জানতে পারা গেছে যে, ***সোলোমন*** এবং ***ডোমিনিক***-য়ের মতন আরও অনেক লোক সাধারণ স্মৃতিশক্তি নিয়ে জন্মগ্রহণ করেছিলেন... ঠিক যেমনটা আর সব বাচ্চারা জন্মগ্রহণ করে! কিন্তু ওনারা সিনেস্হেটিক শক্তি দ্বারা সব কিছু অত্যন্ত দ্রুত মনে করে নিতেন... এমন কি 15-20 বছর পরেও!

প্রশ্ন ঃ সিনেস্হেটিক শক্তি কি জিনিষ?

উত্তর ঃ বাস্তবে আমরা সবাই এই শক্তি নিয়ে জন্মগ্রহণ করি! কিন্তু খুব কম লোকই এই শক্তিকে চিনে তার প্রয়োগ করতে পারেন! আমাদের উচিত এই শক্তিকে নিজের মস্তিষ্কে সুব্যবস্হিত ভাবে বিকশিত করা, যাতে বিভি কাজে এই শক্তির প্রয়োগ করা যেতে পারে!

বিভি বুদ্ধিজীবী দ্বারা বিশ্বরূপের স্মৃতি-টেক্নিকের ব্যাপারে উক্তিঃ-

Comments on Biswaroop's memory techniques by intellectuals :-

"In fact, the education system has created pressure on students, in which memory techniques by Biswaroop can provide some rescure."

Dr. A. L. Sharma

Former Director, NCERT

"The greatest mystery of life is our ignorance of human

আপনি জীবনে কতটা এগোবেন, সেটা এই জিনিষটার ওপরে নির্ভর করে যে, আপনি বাচ্চা, কিশোর, বৃদ্ধ, দুর্বল এবং বঞ্চিত ব্যক্তিদের প্রতি কেমন ব্যবহার করেন? কেন না, একদিন-না-একদিন আপনাকেও এমন পরিস্হিতির ভেতর দিয়ে যেতে হবে!

brain. In fact, brain is not a dustbin, but a gateway of some higher attainment. This demonstration by Biswaroop is an assurance that everything is not lost in the civilization."

Justice M. N. Venkatchallieh
Former Chief Justice of India

National Memory Record

"Biswaroop Roy Chowdhury of Diamond Memory Club has memorizing the value of pile up to 4200 places after decimal and recalled it backward and forward"

Limca Book of Records, 2002

Biswaroop's memory techniques shall be a part of school curriculam.

Dr. Kiran Bedi
Senior IPS

WORLD RECORD : ***Fastest memorizing of playing cards -*** *Biswaroop Roy Chowdhury* of Delhi memorised a throughly shuffled pack of playing cards in 1 minute 54 seconds and recalled them in 1 minute 18 seconds with 100% accuracy on October 10, 2002 at the office of Limca Book of Records.

Limca Book of Records, 2003

> *যখন আমি কোন ব্যক্তির সঙ্গে আলাপ-আলোচনা করার জন্য নিজেকে প্রস্তুত করি, তখন এক-তৃতীয়াংশ সময় নিজের সম্বন্ধে এবং আমি কি বলতে যাচ্ছি, সেই ব্যাপারে চিন্তা করি এবং দুই-তৃতীয়াংশ সময় সেই ব্যক্তির সম্বন্ধে এবং উনি কি বলতে যাচ্ছেন, সেই ব্যাপারে চিন্তা করি !*
>
> **– আব্রাহাম লিংকন**

54. ‘আই’ তত্ত্বের প্রয়োগ !

আপনি ঠিক কতটা প্রবল একাগ্র শক্তির অধিকারী ? আমরা এই প্রশ্নটা গত তিন বছরে প্রায় 50,000 ছাত্র-ছাত্রীকে করেছি ! 99% ছাত্র-ছাত্রীর উত্তরই নেতিবাচক ছিল !

নীরস বিষয়ের প্রতি আগ্রহ কি ভাবে সৃষ্টি করবেন ?
একাগ্রতাকে কি ভাবে বাড়িয়ে তুলবেন ?

যখন আমরা নিজেদের মনের মত ফিল্ম দেখতে যাই, তখন আমরা তিনটে ঘন্টা সেই ফিল্মটার দিকেই তাকিয়ে বসে থাকি ! আমরা হয়তো জানি না বা জানার চেষ্টাও করি না যে, আমাদের ঠিক পাশের সীটে কে বসে আছেন বা নি কখন নিজের সীট ছেড়ে উঠে চলে গেছেন ? ঠিক সেই রকম ক্রিকেট ম্যাচ দেখার সময় আমরা খাওয়া-দাওয়া পর্যন্ত্য ভুলে গিয়ে এক দৃষ্টিতে ম্যাচ দেখতে থাকি এবং নিজেদের ক্রিকেট ম্যাচের সঙ্গে পুরোপুরি একাত্ম করে তুলি ! কিন্তু যখন আমরা পড়াশোনা করি, তখন মনোসংযোগ ব্যাহত হতে বেশী সময় লাগে না ! যদি আমাদের পড়ার টেবিল থেকে কয়েক মাইল দূরেও কোথাও গান বাজে, তাহলেও আমাদের পড়াশোনা থেকে নিজেকে সরিয়ে নেবার অজুহাত আমরা পেয়ে যাই... আমাদের মনোসংযোগ তৎক্ষনাত ব্যাহত হয়ে পড়ে !

একাগ্রতার অর্থ – বিষয়ের প্রতি আগ্রহ !

কোন জিনিষকে ভালোমতন শেখা বা বোঝাটা এই জিনিষটার ওপরে নির্ভর করে যে, আমরা সেই জিনিষটার প্রতি কতটা মাত্রায় নিজেদের মনোসংযোগকে একাত্ম করছি আর একাগ্রতা সেই জিনিষটার ওপর নির্ভর করে যে, আমরা সেই জিনিষটার প্রতি কতটা আগ্রহ নিচ্ছি !

এই জিনিষটাকে বোঝার জন্য আমাদের *‘আগ্রহ’*-কে ভালো ভাবে বুঝতে হবে ! কল্পনা করুন যে, আপনার হাতে গত সপ্তাহে হওয়া এক পার্টির ফোটো তুলে দেওয়া হল, যে ফোটোয় আপনিও রয়েছেন !

আপনি সেই ফোটোয় কি দেখবেন ?

এটা নিশ্চিত যে, সেই ফোটোয় আপনি নিজেকে দেখার চেষ্টা করবেন ! আপনার বেশীর ভাগ আগ্রহ ফোটোয় নিজেকে দেখার মধ্যেই থাকে ! এর অর্থ হল এই যে, যে জিনিষের প্রতি আমরা বেশী আগ্রহ নিই, তার মধ্যে একাগ্রতার মাত্রাও বেশী থাকে ! আমরা সেই জিনিষটাকে তাড়াতাড়ি

শিখতে পারি, যে জিনিষটার মধ্যে আমরা নিজেদেরকে শামিল করে নিই!

উদাহরণ ঃ

এক স্মৃতি-পরীক্ষার সময়, আমরা ষষ্ঠ শ্রেণীর ছাত্র-ছাত্রীদের দুটি দলকে আদিম মানুষ আর তাদের ক্রমোন্নতির ব্যাপারে পড়িয়েছিলাম!

প্রথম দলকে আমরা এই ভাবে কাহিনী শুনিয়েছিলাম–*'আদিম মানব গুহায় বাস করত! ওরা দুটো পাথরকে পরস্পরের সঙ্গে ঘষে আগুন আবিস্কার করেছিল! ওরা গাছের পাতা বা জন্তু-জানোয়ারের ছাল পরে থাকত... !'*

আমরা দ্বিতীয় দলের ছাত্র-ছাত্রীদের নিজেদেরকে আদিম মানুষ হিসেবে কল্পনা করতে বলেছিলাম আর ওদের বলেছিলাম–

'তোমরা গুহায় থাকতে! তোমরা দুটো পাথরকে পরস্পরের সঙ্গে ঘষে আগুন আবিস্কার করেছিলে! তোমরা গাছের পাতা বা জন্তু-জানোয়ারের ছাল পরে থাকতে... !'

উপসংহার ঃ

দ্বিতীয় দলের ছাত্র-ছাত্রীরা পাঠ তাড়াতাড়ি শিখেছিল এবং এক বছর পরে ওরা প্রায় একই রকমভাবে কাহিনীটাকে বলেছিল!

গুরুত্বপূর্ণ সংকেত ঃ	***নিজেকে শামিল করুন!***

55. ভালো ভাবে পড়াশোনা করা !

কল্পনা করুন যে, 6 দিন বাদে আপনি পরীক্ষায় বসতে যাচেছন ! মোট পাঁচটা বিষয়ে আপনাকে প্রস্তুতি নিতে হবে ! আপনি নিম্নলিখিত দুটো পদ্ধতির ভেতরে কোন্‌টাকে গ্রহণ করবেন ?

***পদ্ধতি** - 1* ঃ এক দিনে একটা বিষয় পড়বেন এবং ষষ্ঠ দিনে আপনি সব বিষয়গুলো আবার একবার পড়বেন !

পদ্ধতি - 2 ঃ সব বিষয়গুলোই এক সঙ্গে পড়বেন – যেমন, দু ঘন্টা ইংরাজী, দু ঘন্টা ইতিহাস, দু ঘন্টা অংক ইত্যাদি !

আসুন, বিশ্লেষণ করি এবং মস্তিস্ককে বোঝার চেষ্টা করি !

***বিশ্লেষণ** ঃ*

যখন আমরা বিশেষ কোন বিষয়, যেমন ধরুন অংক পড়ি, তখন আমাদের মস্তিস্কের এক বিশেষ ভাগ অন্য ভাগগুলোর তুলনায় বেশী কাজ করতে থাকে ! যখন আমরা ইতিহাস পড়ি, তখন মস্তিস্কের অন্য ভাগ কাজ করতে শুরু করে দেয় এবং অংক পড়ার ভাগটা তখন বিশ্রাম করতে থাকে !

ঐই ভাবে, বিষয় পাল্টে-পাল্টে পড়লে মস্তিস্কের বিশেষ ভাগগুলো পালা করে বিশ্রাম করার সুযোগ পেয়ে যায় এবং ক্লান্তি অনুভব করে না !

***উপসংহার** ঃ*

আমরা যদি পুরো দিন একটাই বিষয় পড়ে চলি... তাহলে মস্তিস্কের একটা বিশেষ ভাগের ওপরে বেশী চাপ পড়ে – যেটা কখনোই বাঞ্ছনীয় নয় ! তাই, সব বিষয়গুলোকে পাল্টে-পাল্টে পড়ুন ! যেমন, দুই বা তিন ঘন্টা অংক পড়ার পরে দু ঘন্টা ভূগোল পড়ুন – তারপর পরের দু ঘন্টা অন্য কোন বিষয় !

গুরুত্বপূর্ণ সংকেত ঃ	***বিষয়ের সংযুক্ত নির্বাচন !***

56. পুণরধ্যয়ন করা !

আমাদের এটা স্বীকার করতেই হবে যে–

সৈব থেকে শক্তিশালী স্মৃতি ততটা ভালো নয়, যতটা দুর্বল সূত্র !'

যতক্ষন না আমরা পুণরধ্যয়ন করব, ততক্ষন কোন বিষয়কে পড়ার বা শেখার কোন গুরুত্বই নেই !

যদিও এটা আমরা সবাই জানি যে, পুণরধ্যয়ন করাটা কতটা গুরুত্বপূর্ণ, কিন্তু ভালো ফল পাবার জন্য বৈজ্ঞানিক পদ্ধতিতে পুণরধ্যয়ন করাটা আরও বেশী গুরুত্বপূর্ণ !

বৈজ্ঞানিক পদ্ধতিতে পুণরধ্যয়ন করা ঃ

আসুন, এই জিনিষটাকে আমরা এক উদাহরণের সাহায্যে বোঝার চেস্টা করি ! যদি আমরা কোন বিশেষ বিষয়কে প্রতি দিন 2 ঘন্টা করে মনে করি, তাহলে সেটার পুণরধ্যয়ন কখন করা উচিত ?

বৈজ্ঞানিক পদ্ধতি অনুযায়ী, প্রথম পুণরধ্যয়ন 24 ঘন্টার ভেতরে হয়ে যাওয়া উচিত !

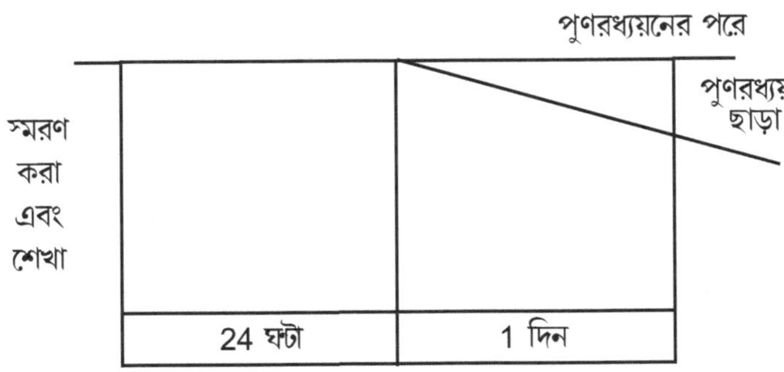

সাধারণতঃ আমাদের মস্তিস্ক নতুন শেখা জিনিষ বা তথ্য 80-100% পর্যন্ত্য মাত্র 24 ঘন্টার জন্য ধারণ করতে পারে ! যদি এই সময়ের ভেতরে পুনরায় সেই জিনিষটা না পড়া যায় বা পুণরধ্যয়ন না করা যায়, তো ঠিক ততটাই শীঘ্র ভুলে যাওয়া চক্রও শুরু হয়ে পড়ে ! তাই, প্রথম পুণরধ্যয়ন 24 ঘন্টার ভেতর অবশ্যই হয়ে যাওয়া উচিত !

24 ঘন্টায় একবার পুণরধ্যয়ন করার পরে আমাদের মস্তিষ্ক সেই তথ্যকে প্রায় সাত দিন পর্যন্ত্য ধারণ করে রাখার ক্ষমতা রাখে! সাত দিন পরে ভুলে যাওয়ার চক্র আবার দ্রুত শুরু হয়ে পড়ে!

পরের পুণরধ্যয়ন সাত দিন পরে অবশ্যই হয়ে যাওয়া উচিত!

সব থেকে মজার ব্যাপার হল এটা যে, যদি আমরা এই দুটো সময়ে বৈজ্ঞানিক পদ্ধতিতে পুণরধ্যয়ন করি, যেমন 24 ঘন্টার ভেতরে প্রথম এবং 7 দিন পরে দ্বিতীয়... তাহলে আমাদের পুণরধ্যয়নের সময় মাত্র 10% রয়ে যায়! এই দশ শতাংশ হচ্ছে সেই সময়, যেটা আমরা ঐ বিষয়টা শেখার কাজে লাগিয়েছিলাম!

গুরুত্বপূর্ণ সংকেত ঃ ***24 ঘন্টা / 7 দিন!***

57. বিশ্রামের গুরুত্ব !

প্ল্যান করে কোন কিছু পড়লে বা শিখলে সেটা পুনরায় মনে করার সম্ভাবনা বেশী মাত্রায় থাকে !

প্রতি 40 থেকে 50 মিনিট পড়ার পর কিছুক্ষন বিশ্রাম করাটা ভালো হয় এবং এই বিশ্রামের মেয়াদ প্রায় 10 মিনিটের মত হতে পারে ! 10 মিনিট বিশ্রাম করার অর্থ হল, এই সময়ে পূর্ণ বিশ্রাম ! নয়তো, আলাদা-আলাদা ভাবে পড়া জ্ঞান বা তথ্য মস্তিস্কের ভেতরে জট বেঁধে থাকবে এবং স্মৃতিপটে ব্যাকুলতা এবং গড়বড়ির সৃষ্টি হয়ে পড়বে ! 10 মিনিট বিশ্রামের সময় আপনি নিজের মনের মত গান বা মিউজিক শুনতে পারেন বা শ্বাস-প্রঃশ্বাস ক্রিয়া অথবা হাল্কা আরামদায়ক ব্যায়াম ইত্যাদিও করতে পারেন !

বিশ্রাম কি ভাবে কাজ করে ?

এক জার্মান অনুসন্ধানকারী নিজের অনুসন্ধানের মাধ্যমে এই সিদ্ধান্তে পৌঁছেছিলেন যে, যে কোন কাজে কিছুক্ষনের জন্য বিশ্রাম মানষের পুনরায় স্মরণ করার শক্তিকে বাড়িয়ে তোলে ! আপনি হয়তো কোন কাজ সঠিক ভাবেই করে চলেছেন, তবুও বিশ্রাম করাটা অত্যন্ত জরুরী !

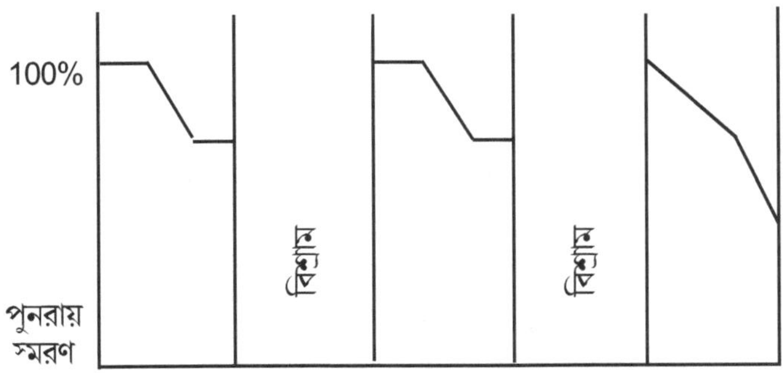

ধারণ করার ক্ষেত্রে বিশ্রাম এক স্তম্ভের কাজ করে !

গুরুত্বপূর্ণ সংকেত ঃ	***45 মিনিট / 10 মিনিট !***

চিন্তা-ভাবনা ছাড়া কাজ দ্বারা অন্ধকারকে আলোয় পরিবর্তন করা সম্ভব নয় !

– কার্ল জং

58. নিজেকে প্রেরিত করা !

আমাকে প্রায়ই এই প্রশ্নটার মুখোমুখি হতে হয় যে, বাজারে পাওয়া যাওয়া স্মৃতিশক্তিবর্ধক বা মস্তিস্ককে প্রখর করে তোলার ওষুধগুলো কতটা প্রভাবশালী ? এই সব ওষুধ বা টনিক কি সত্যিই স্মৃতিশক্তি বাড়াতে সহায়ক হয় ?

স্মৃতিশক্তি বাড়িয়ে তোলার দাবী করতে থাকা এই সব ওষুধের প্রভাবশীলতা জানার জন্য আমরা একটা প্রয়োগ করেছিলাম !

আমরা এমন 30-জন লোককে বেছে নিয়েছিলাম, যাঁদের পারিবারিক পৃষ্ঠভূমি অনেকটা একই রকমের ! আমরা ওঁদের এটা বলেছিলাম যে, আমাদের কাছে এমন এক স্মৃতিশক্তি টনিক আছে, যেটা তিন মাসের ভেতরে আপনাদের স্মৃতিশক্তি বাড়িয়ে তুলতে সহায়তা করবে ! তারপর আমরা ওনাদের একটা স্মৃতিশক্তি পরীক্ষা নিলাম আর ওনাদের নামকরা ব্রাণ্ডের বোতলে রঙীন জল পুরে খেতে দিলাম ! এই ভাবে ওনাদের সবাইকে তিন মাস পর্যন্ত্য এক স্মৃতিশক্তি টনিক খাইয়ে চললাম ! তিন মাস পরে আমরা ওনাদের আবার একবার স্মৃতিশক্তি পরীক্ষা নিলাম !

পরিণাম ঃ

সবাই এই পরীক্ষায় সমান নম্বর প্রাপ্ত করলেন !

উপসংহার ঃ

এমনটা এক মনোবৈজ্ঞানিক কারণ হিসেবে প্রমাণিত হল ! ওনাদের মধ্যে প্রত্যেকে এটাই বিশ্বাস করেছিলেন যে, ওনারা নিজেদের স্মৃতিশক্তি বাড়াতে একটা আলাদা কিছু চেস্টা চালাচেছন ! পরিণামস্বরূপ, ওনাদের স্মরণশক্তি কিছুটা উ ত নিশ্চয়ই হবে !

এটা ছিল ওনাদের আত্মবিশ্বাস এবং মনোবৈজ্ঞানিক তত্ত্ব... যেটা ওনাদের পরীক্ষায় ভালো ফল করতে উৎসাহ প্রদান করেছিল... ওনাদের প্রেরিত করেও তুলেছিল ! আমাদের ***হেনরী ফোর্ড***-য়ের এই কথাটাও মনে রাখা উচিত–*'তুমি যেমনটা ভাববে, ঠিক তেমনটাই করতে পারবে ! তুমি যদি ভালো ভাব, তাহলে ভালো করতে পারবে... নয়তো তার ঠিক উল্টোটা !'*

গুরুত্বপূর্ণ সংকেত ঃ ***স্বয়ং প্রেরণা !***

> *যে জীবন আগামীকালের জন্য গৃহীত হয়, তার আভাব একদিন পরে হবে !*
>
> ***– লেক্স***

59. স্মৃতিশক্তি কি করে কাজ করে ?

প্রশ্ন ঃ স্মৃতি কি জিনিষ? মনে করলে কেমন অনুভব হয়? আমরা কি ভাবে মনে করি? আপনি কি নিজের স্মৃতিকে স্মৃতির ব্যাপারে কখনো প্রশ্ন করেছেন?

উত্তর ঃ *স্মৃতি জিনিষটা আর কিছুই নয়, এটা হচ্ছে নতুন চিন্তাধারা এবং নতুন তথ্যের সঙ্গে আগে থেকেই মস্তিষ্কের মধ্যে সুরক্ষিত রাখা চিন্তাধারা এবং তথ্যের সঙ্গে সামঞ্জস্য বজায় রাখা!*

সম্পর্কের নিয়ম ঃ

আমরা কোন নতুন জিনিষ তখনই শিখতে পারি, যখন মস্তিষ্কের মধ্যে আগে থেকে সুরক্ষিত রাখা জিনিষের সঙ্গে নতুন জিনিষটা যুক্ত হয়ে পড়ে! এই সব বিভি পরিসংখ্যানের সম্পর্কই হচ্ছে স্মৃতি! উদাহরণ হিসেবে, আপনি যখন আপনার ছোটবেলার স্কুল বিল্ডিং-য়ের পাশ দিয়ে যান, তো আপনার পুরোন দিনের সব কথা মনে পড়ে যায়! কারণ, স্কুল বিল্ডিং আপনাকে পুরোন অভিজ্ঞতার কথা মনে করিয়ে দেয়! স্কুল বিল্ডিংটা কোন-না-কোন ভাবে আপনার অভিজ্ঞতার সঙ্গে যুক্ত হয়ে আছে!

চেইন্ পদ্ধতি ঃ

ধরুন, আপনি নিম্নলিখিত শব্দগুলোকে এই ক্রমে মনে রাখতে চান ঃ-

1. কুকুর 2. জুতো 3. ফিল্ম 4. ড্রাগন 5. সাইকেল 6. টেলিফোন 7. পেন 8. কোল্ড ড্রিংক 9. চিতা 10. টেপ রেকর্ডার!

পদ্ধতি - 1 ঃ

বার-বার শব্দগুলোর পুণরাবৃত্তি করাটাও মনে করার একটা পদ্ধতি হতে পারে! এই পুণরাবৃত্তি 25-বারও হতে পারে! পুরোপুরি মনে করতে 2-3 দিনও লাগতে পারে!

> *আপনি যদি নিজের মনের ভেতরে কেবলমাত্র সৌহার্দ্য রাখেন, তাহলে আপনি পৃথিবীর সব থেকে মহান মানুষ হতে পারেন!*
>
> ***– এমেট ফক্স***

পদ্ধতি - 2 ঃ

দ্বিতীয় পদ্ধতি হচ্ছে এটা যে, দুটো শব্দের মধ্যে একটা সম্পর্ক গড়ে তোলা যাক! উদাহরণ হিসেবে, ভাবুন কুকুর জুতো পায়ে দিয়ে ফিল্ম দেখতে যাচ্ছে... যে ফিল্মে ড্রাগন আছে! ফিল্মে ড্রাগন সাইকেল চালাচ্ছে! সাইকেল টেলিফোন বুথের সঙ্গে গিয়ে ধাক্কা খেল! টেলিফোন বুথে একজন লোক পেনের ডগা দিয়ে টেলিফোন মেরামত করছে! এবার কল্পনা করুন যে, পেনে কালির জায়গায় কোল্ড ড্রিংক ভরা আছে! আপনি চিতাকে কোল্ড ড্রিংক খেতে দিচ্ছেন! চিতা টেপ-রেকর্ডারের গানের সুরে নাচছে!

এরপরও কি আপনার আবার একবার পড়ার প্রয়োজন আছে?

আপনার কাছে কোন্ পদ্ধতিটাকে সহজ বলে মনে হচ্ছে? নিশ্চিত রূপে দু নম্বর পদ্ধতিটা সহজ! কিন্তু দুটো পদ্ধতির মধ্যে একটা জিনিষ রয়েছে, যেটা হচ্ছে সম্পর্ক স্হাপন! প্রথম পদ্ধতিতে এই সব শব্দগুলো আগে থেকে মস্তিস্কে উপস্হিত শব্দগুলোর সঙ্গে নিজে থেকে সম্পর্ক স্হাপন করে নেয়! কিন্তু পরে কোন স্তরে হয়তো আপনি শব্দের ক্রমকে মনে করতে ভুলেও যেতে পারেন! কিন্তু দ্বিতীয় পদ্ধতিতে আপনি জেনে-শুনে শব্দগুলোর ভেতরে সম্পর্ক স্হাপন করার চেস্টা করেন, যেটা এক চেতন অবস্হা হয়!

চেতন অবস্হায় গড়ে তোলা সম্পর্ক অবচেতন অবস্হার থেকে ভালো হয়!

উপসংহার ঃ

আপনি নতুন যা কিছু মনে রাখতে চান, সব সময় নতুন কোন কিছুর সঙ্গে তার একটা সম্পর্ক স্হাপন করার চেস্টা করুন!

গুরুত্বপূর্ণ সংকেত ঃ	***চেতনাপূর্ণ সম্পর্ক!***

60. কল্পনা – পূর্ণ রূপে বোঝার নিয়ম !

যে কোন আবিষ্কার যথার্থরূপে ধারণ করার আগে কল্পনার মধ্যে স্থান পায় ! কল্পনা হচেছ এক ল্যাবোরেটোরী, যেখানে মানুষের প্ল্যান জন্ম নেয় ! কল্পনা হচেছ এক শক্তিশালী জিনিষ, যেটা জৈবিক মস্তিস্কের থেকে বেশী শক্তিশালী হয় ! কল্পনার মধ্যে মস্তিস্কের পরেও জীবিত থাকার শক্তি থাকে ! কল্পনা হচেছ কুমোরের চাকার মত, যা মানুষের প্ল্যানকে আকার প্রদান করে !

শেখার বা মনে করার কাজে এই শক্তির প্রয়োগ করুন !

কাল্পনিক চিত্র ঃ

আপনি যা কিছু পড়েন, সেটাকে এক কাল্পনিক চিত্রে পরিবর্তিত করার চেস্টা করুন ! আমাদের দেখার স্মরণশক্তি, শোনার স্মরণশক্তি (মেমোরী)-র থেকে কুড়ি গুণ বেশী থাকে ! কারণ, চোখের কোশিকাগুলো, যেগুলো মস্তিস্কের সঙ্গে যুক্ত হয়ে থাকে, কানের কোশিকাগুলোর থেকে কুড়ি গুণ বেশী মজবুত হয় ! কাল্পনিক চিত্রণ পদ্ধতির প্রয়োগ ইতিহাসের মত বিষয়গুলোর ক্ষেত্রে ভালো ভাবে করা যেতে পারে ! উদাহরণ হিসেবে – আপনার যদি হড়প্পা সভ্যতার ব্যাপারে জানার প্রয়োজন হয়ে পড়ে... তাহলে পড়ুন, বুঝুন এবং ঐ সভ্যতার একটা চিত্রণ নিজের মস্তিস্কের মধ্যে করুন এবং সেই জিনিষটার মধ্যে থাকার চেস্টা করুন !

এটা মাথায় রাখবেন যে, আপনি যা কিছু পড়েন, তার ব্যাপারে সম্পর্ক স্থাপন করার জন্য আপনার কাছে একটা-না-একটা ছবি নিশ্চয়ই থাকে ! *'শোনা'* জিনিষটা আমাদের শেখার কাজে সহায়তা করে, অন্য দিকে *'দেখা'* আর *'কল্পনা করা'* দীর্ঘ সময় ধরে মনে রাখতে সহায়তা করে ! মানসিক চিত্রণ আমাকে স্মৃতিধারণ করার ক্ষেত্রে রাস্ট্রীয় কীর্তির অধিকারী হতে সহায়তা করেছে ! এজন্য, যে কোন জিনিষের সর্বদা নিজের মস্তিস্কের ভেতরে চিত্রণ করুন !

গুরুত্বপূর্ণ সংকেত ঃ মানসিক চিত্রণ !

যতক্ষন পর্যন্ত্য কল্পনা না করা যায়, ততক্ষন পর্যন্ত্য ঘটনা ঘটে না !
– কার্ল স্যাণ্ডবেরী

61. শেখার সহজ পদ্ধতি – সংক্ষিপ্তকরণ!

কোন কিছু শেখার সাতটি সব থেকে গুরুত্বপূর্ণ নিয়ম ঃ

1. একাগ্রতা (Concentration)
2. হস্তক্ষেপ করার নিয়ম (Interference Law)
3. বিশ্রাম দিয়ে-দিয়ে শেখা (Spaced Learning)
4. পুণরধ্যয়নের প্ল্যান (Revision Plan)
5. মানসিক চিত্রণ (Seeing / Visualization)
7. ঘুমোন (Sleep)

এই সাতটা নিয়মকে মনে রাখার সব থেকে ভালো পদ্ধতি হল প্রতিটা শব্দের প্রথম অক্ষরগলো নিয়ে একটা acronym বানানো!

C - Concentration

I - Interferece Law

R - Revision Plan

C -

U -

S - Spaced Learning

A - Association

S - Seeing / Visualization

S - Sleep

সার্কাসের Ass-য়ের সঙ্গে স্মৃতিতে সম্পর্ক স্হাপন করে এই সাতটা নিয়মকে সহজেই মনে রাখা যেতে পারে!

বিনা প্রয়োগ হওয়া C আর U-র ব্যাপারে মাথা ঘামানোর কোন প্রয়োজন নেই!

পুনরায় মনে করার সময় মস্তিষ্ক নিজে থেকে এগুলোকে আলাদা করে দেবে!

> *আমরা যেমনটা আর যেখানে রয়েছি, সেটা আমরা আগেই ভেবে রেখেছিলাম!*
>
> **– ডোনাল্ড কার্টিস**

পরবর্তী সাতটা নিয়মের জন্য আপনি নিজের শব্দ বানাবার চেষ্টা করুন !

8. Over Learning
9. Integration
10. Incomplete Learning
11. Mapping
12. Latent Learning
13. Clue Method
14. Concentration Exercise

গুরুত্বপূর্ণ সংকেত ঃ	শব্দের প্রথম অক্ষর !

62. স্মরণশক্তিকে উ ত করার প্রক্রিয়া !

যখন আমরা এক ঘর থেকে অন্য ঘরে কোন জিনিষ আনতে যাই, তখন অন্য ঘরে গিয়ে এটা জানা যায় যে, আমরা যে জিনিষটা আনতে ঐ ঘরে গেছিলাম, সেটাই ভুলে গেছি ! এরপর যখন আমরা আগের ঘরে ফিরে আসি, তখন সাধারণতঃ সেই জিনিষটার কথা আমাদের আবার মনে পড়ে যায়, যেটা আনতে আমরা অন্য ঘরে গেছিলাম !

আমরা ফ্রীজ বা আলমারী থেকে কোন জিনিষ বার করতে ফ্রীজ বা আলমারী খুলি, কিন্তু অনেক সময় সেই জিনিষটার কথা ভুলে যাই ! তারপর ফ্রীজ বা আলমারী বন্ধ করে 3-4 পা এগোতেই আবার সেই জিনিষটার কথা আমাদের মনে পড়ে যায় ! শেষ পর্যন্ত্য সেই জিনিষটা প্রাপ্ত করতে আমরা সফল হয়ে উঠি !

এগুলো হচেছ এমন কিছু জিনিষ, যা সাধারণতঃ শুনতে পাওয়া যায় !

এমনটা কেন হয় ?

এর থেকে কি করে মুক্তি পাওয়া যায় ?

বিশ্লেষণ ঃ

বিভি প্রয়োগ থেকে এটা প্রমাণিত হয়েছে যে, আমাদের মস্তিষ্ক তথ্য স্মরণ করার ক্ষেত্রে সেই সময় ভালো পরিস্থিতিতে থাকে, যখন ও নিজেকে সেই পরিস্থিতিতে পায়, যে পরিস্থিতিতে ও তথ্য মনে করেছিল ! তাই, যখন আমরা প্রারম্ভিক অবস্থাতে ফিরে যাই, তখন তৎক্ষনাত সেই জিনিষটার কথা আমাদের মনে পড়ে যায় ! আমাদের মস্তিষ্কের এটা একটা বিশেষ গুণ, যেটা আমাদের ঐ ধরনের পরিস্থিতিতে স্মরণ করতে সহায়তা করে ! মস্তিষ্কের এই প্রক্রিয়াকেই উ তিকারক প্রক্রিয়া বলে ! এমনটা কেন হয় যে, আমরা কখনো-কখনো কয়েক সেকেণ্ডের জন্যও তথ্যকে ধারণ করে রাখতে পারি না ?

কেন ?

আমাদের মস্তিষ্ক হচেছ এক চিন্তা করার যন্ত্র ! এমনটাও হতে পারে যে, ঐ বিশেষ সময়ে আপনি অন্য কিছু চিন্তা করতে ব্যস্ত

ছিলেন! যে জিনিষটা পুরোন তথ্যকে মস্তিষ্কে বজায় থাকতে বাধা দেয়! একে মস্তিষ্কের অনুপস্থিতির অবস্থা বলে!

পড়াশোনায় উ তিকারক প্রক্রিয়ার প্রয়োগ কি ভাবে করবেন?

কখনো-কখনো পরীক্ষার হলে আমরা উত্তর মনে করতে ব্যর্থ হয়ে পড়ি, অথচ সেই প্রশ্নটা আমরা ভালো করে পড়েছিলাম! আমরা অনেক চেষ্টা করি... কিন্তু সব বৃথা! আপনি একাগ্র হয়ে, মানসিক রূপে নিজেকে সেই পরিস্থিতিতে ফিরিয়ে নিয়ে যান, যে পরিস্থিতিতে আপনি সেই উত্তরটা মুখস্থ করেছিলেন! তারপর মানসিক চিত্রণ তৈরী করুন... বইয়ের পৃষ্ঠা খুলুন... যাতে ঐ উত্তরটা লেখা আছে, তারপর মনে-মনে পড়ুন!

এই সব করতে আপনার 10 সেকেণ্ডের বেশী সময় লাগবে না!

গুরুত্বপূর্ণ সংকেত ঃ পুণঃদর্শন!

অভ্যাস হয় সর্বশ্রেষ্ঠ ভৃত্য হয়, নয়তো খারাপ মনিব!

– ন্যাথনীল এম্স

63. আরও বেশী শেখার নিয়ম !

কোন একটা বিষয়কে মুখস্হ করার জন্য বেছে নিন ! 15 মিনিট ধরে সেই বিষয়কে এমন ভাবে পুণরধ্যয়ন করুন, যাতে আপনি না দেখে সেই বিষয়কে ভালো ভাবে স্মরণ করতে পারেন ! এরপর অন্য কোন বিষয় বেছে নিন !

অতিরিক্ত শেখার নিয়ম অনুযায়ী আমাদের কম পক্ষে এক-তৃতীয়াংশ সময় (মুখস্হ করতে লাগানো সময়ের ভাগ) সেই বিষয়কে পুণরধ্যয়ন করার কাজে লাগানো উচিত ! এই সময়টা মুখস্হ করার ঠিক পরে খরচ করা উচিত !

উদাহরণ হিসেবে, যে কোন বিষয়ের পুণরধ্যয়ন করার কাজে 5 মিনিট সময় (15 মিনিটের এক-তৃতীয়াংশ) আরও দিন ! এমনটা করলে আমরা অনেকটা রিভিশন টাইম বাঁচাতে পারব ! ওপরে উল্লেখিত নিয়ম অনুযায়ী শেখার কাজে কিছুটা অতিরিক্ত সময় দিলে বিষয় ভালো ভাবে ধারণ করার কাজে সহায়তা পাওয়া যাবে !

আমরা পরীক্ষা হলে বসে সময়ের অভাব অনুভব করি ! এর কারণ এটা নয় যে, আমরা দ্রুত লিখতে পারছি না... এর মুখ্য কারণ হল এটা যে, আমরা দ্রুত উত্তর স্মরণ করতে পারছি না !

মনে করার কাজে লাগানো অতিরিক্ত সময় দ্রুত স্মরণ করানোর কাজে সহায়ক হয় !

গুরুত্বপূর্ণ সংকেত :	এক-তৃতীয়াংশ অতিরিক্ত সময় !

64. স্পাইডার নোটস্ !

এটা হচেছ নোটস্ তৈরীর সব থেকে ভালো এবং প্রভাবশালী পদ্ধতি ! অন্তিম নোটস্ সর্বদা সংক্ষিপ্ত এবং সাংকেতিক হওয়া উচিত ! তার সঙ্গে-সঙ্গে সব গুরুত্বপূর্ণ তথ্য এর মধ্যে সম্মিলিত হওয়া উচিত... যাতে পরীক্ষার আগে শেষ বার এবং যথাসম্ভব কম সময়ে ওটার পুণরধ্যয়ন করা যায় ! স্পাইডার নোটস্ তৈরী করার সময়, প্রাথমিক চিন্তাধারা এর কেন্দ্রে থাকা উচিত এবং তার থেকে কম গুরুত্বপূর্ণ চিন্তাধারা ক্রমানুসারে তার পরে আসা উচিত... যাতে একবার দেখলেই গোটা বিষয় স্মৃতিতে তৎক্ষনাত মনে পড়ে যায় !

(যেমনটা ছবিতে দেখানো হয়েছে)

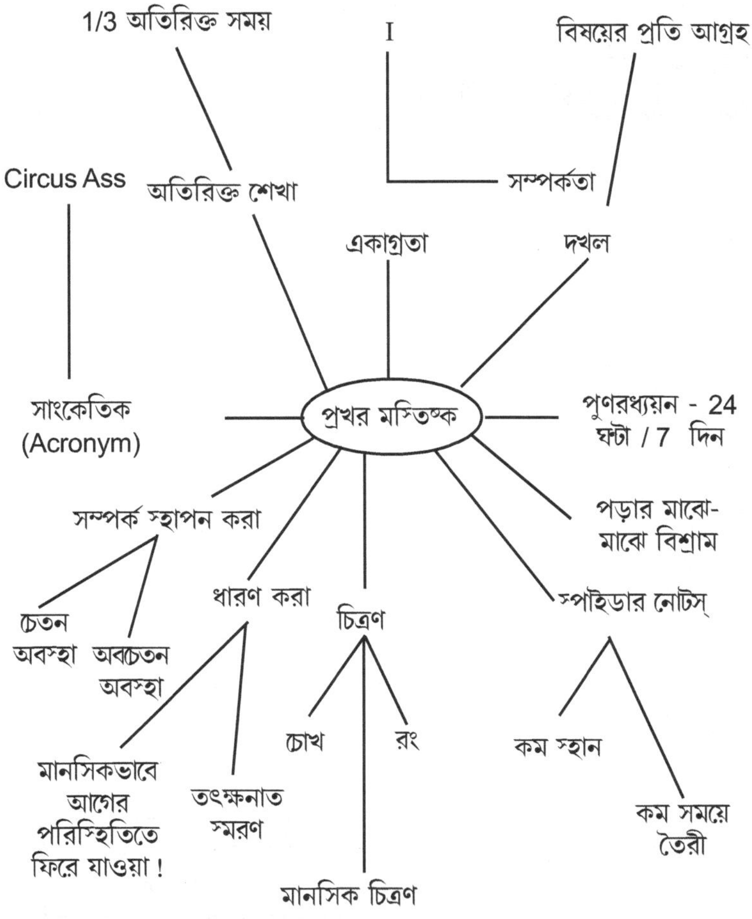

স্পাইডার নোটস্ তৈরী করার লাভ ঃ

1. সম্পর্কিত শব্দগুলোকে বেছে নেওয়া ক্রমে লিখলে 65% সময় বাঁচে!
2. শুধুমাত্র সম্পর্কিত শব্দগুলোকেই পড়লে 90% সময় বাঁচে!
3. পুণরধ্যয়ন করায় প্রায় 90% সময় বাঁচে!
4. অনাবশ্যক মুখ্য শব্দগুলোকে খোঁজার কাজে ব্যয় হওয়া সময়ের 85% সময় বাঁচে!
5. মুখ্য শব্দগুলোকে সহজেই বেছে নেওয়া যায়!
6. মুখ্য বিষয়গুলোর ওপরে মনোযোগ কেন্দ্রীভূত করা যায়!
7. মুখ্য শব্দগুলের সঙ্গে দ্রুত সম্পর্ক স্হাপন করা যায়!
8. আমাদের মস্তিস্ক এই ধরনের নোটস্‌কে দ্রুত গ্রহণ করে এবং প্রয়োজন পড়লে পুরো নোটস্ শীঘ্র স্মরণে এসে যায়!

গুরুত্বপূর্ণ সংকেত | **স্পাইডার নোটস্**

প্রথমে আমরা অভ্যাসের জন্ম দিই, পরে অভ্যাস আমদের নাচায়!

– ন্যাথনীল এমন্স

65. পাই পদ্ধতি !

সব জায়গাতে বেশীর ভাগ ফোন নম্বর 6 থেকে 8 অঙ্কের হয় ! এমনটা হওয়ার পেছনে নিশ্চয়ই কোন-না-কোন কারণ হবে ! আমাদের, মানুষদের এতটা তীক্ষ্ম বুদ্ধি হয় না যে, এই নম্বরগুলো আমরা বরাবরের জন্য কণ্ঠস্থ করে নিতে পারব ! বাস্তবে, আমরা এক সময়ে কোন বিশেষ তথ্য মনে রাখতে নিজেদের অসহায় অনুভব করি ! হতে পারে যে, আমরা হয়তো এটা মনে রাখতে পারি যে, পার্কিং-য়ে দশটা গাড়ী দাঁড়িয়ে আছে... কিন্তু ঐ দশটি গাড়ী কোন্-কোন্ রং-য়ের, সেটা মনে রাখা আমাদের পক্ষে মুশ্কিল হয়ে পড়ে – কখনো-কখনো প্রায় অসম্ভব হয়ে ওঠে !

সৃজনাত্মক যোগ্যতা ঃ

এখানে আমাদের ভেতরে অবস্থিত সৃজনাত্মক যোগ্যতা আমাদের সহায়তা করে ! অনিয়ন্ত্রিত সংখ্যাগুলোকে মনে রাখতে বা ভালো ভাবে সংকলন করতে *পৌই পদ্ধতি*' এক ভালো উদাহরণ হতে পারে !

1. এবার ছবিটাকে আয়নার সামনে ধরুন !

2. যদি আমরা পাই মূল্যকে দশমিকের পরে 6-টা স্থান পর্যন্ত মনে রাখতে চাই !

$\pi = 3.141593$

তাহলে এটা মনে রাখতে হবে যে, পাই-য়ের গণনা কি ভাবে করা যেতে পারে ? এখানে প্রতিটা শব্দে প্রযুক্ত অক্ষর পাই-য়ের সংখ্যার সমান !

3. $\pi = 3.14159264348979$

পাই সংখ্যা স্মরণ করার জন্য, এটা মনে করার চেষ্টা করুন যে, জোরদার লেকচার (যাতে মাত্রাত্মক মেকানিক্স শামিল আছে)-র পরে কি ভাবে আমি এক কোল্ড ড্রিংক খাব ! আমি স্মৃতি-বিজ্ঞানের প্রয়োগ করে, পাই মূল্য দশমিকের পরে 4200 সংখ্যা পর্যন্ত মনে রাখার চেষ্টা করেছিলাম এবং সেটাকে আমি আরও এগিয়ে নিয়ে যেতে পারি ! এর বিপরীত ক্রমকেও আমি স্মরণ করতে পারি ! আমি এটাও বলতে পারি যে, দশমিকের পরেও কোন্ সংখ্যা 3456-তম বা 2945-তম স্থানে রয়েছে ! এই কারণেই আমার নাম ***লৈমকা রেকর্ড বুক, 2001***'-তে সম্মিলিত করা হয়েছে !

গুরুত্বপূর্ণ সংকেত ঃ	***শব্দ সংখ্যা***

66. লম্বা নিয়মকে মনে করার সাংকেতিক বিধি !

লম্বা নিয়মকে মনে করাটা ছাত্র-ছাত্রীদের কাছে এক সাধারণ সমস্যা ! ওনারা প্রায়ই এমন অভিযোগ করেন যে, একবার পড়ার পরে তার এক অনুপাতও ওনারা মনে রাখতে পারেন না ! সাধারণতঃ আমাদের মস্তিষ্ক সব জায়গায় তো চলে যায়, কিন্তু নিয়মের ওপরে থাকে না... আর এই কারণেই লম্বা ব্যাখ্যা মনে রাখা সম্ভবপর হয়ে ওঠে না !

কি করে একাগ্র হবেন ?

সমাধান ঃ *গুরুত্ব সাংকেত বিধি ঃ*

1. অধ্যায়ের শীর্ষককে পড়ুন এবং কয়েকটা মুহূর্ত ওতে লাগান ! শীর্ষক থেকে যে অর্থ আপনি পাচেছন, সেটাকে প্রাপ্ত করার চেষ্টা করুন ! উদাহরণ হিসেবে, অধ্যায়ের শীর্ষক হল থার্মোডায়নামিক্স (Thermodynamics)! হতে পারে যে, আপনি হয়তো এই শব্দটার অর্থ বুঝতে পারছেন না... তবুও কিছু একটা অর্থ বের করার চেষ্টা করুন ! শীর্ষকের ওপরে ভালো ভাবে মনোযোগ দিন ! Thermo-র অর্থ হচেছ heat... এবার এই অধ্যায়ের একটা অর্থ আমি বের করতে পারছি যে, এই অধ্যায় dynamics of heat-য়ের সঙ্গে সম্পর্কিত ! অধ্যায়ের প্রতি একাগ্র হলে বা অনুমান লাগালে আপনি নিজের অবচেতন মনে অধ্যায়কে গ্রহণ করার জন্য একটা ভিত্তি তৈরী করতে পারবেন ! এটা জরুরী নয় যে, সর্বদা আপনার অনুমান সঠিকই হবে ! তবুও এই অভ্যাস আপনাকে এই অধ্যায়ের সম্বন্ধে একটা ভূমিকা তৈরী করতে সাহায্য করবে... যাতে আপনি মানসিক রূপে প্রস্তুত হতে পারেন !

2. এবার আপনি থিওরীর প্রতিটা প্যারাগ্রাফ এই ভাবে পড়ুন...

> *আমরা হচ্ছি সেটা, যেটা আমরা বার-বার করি !*
>
> **– অরস্তু**

যাতে আপনি এগুলো থেকে গুরুত্বপূর্ণ সংকেত পেতে পারেন! যে গুরুত্বপূর্ণ সংকেত আপনি পাবেন, সেটা গোটা প্যারাগ্রাফের প্রতিনিধিত্ব করবে!

3. আপনি এই ব্যাপারে নিশ্চিত হয়ে নিন যে, পরবর্তী প্যারাগ্রাফ পড়ার আগে তার আগের প্যারাগ্রাফের গুরুত্বপূর্ণ সংকেতকে আপনি ভালোমতন গ্রহণ করে নেবেন! এই জিনিষটা আপনাকে পূর্ণ রূপে অধ্যয়নে একাগ্র হতে সহায়তা করবে!

4. ধরে নিন যে, গোটা অধ্যায়ে 15-টি প্যারাগ্রাফ আছে... এর অর্থ হল এই যে, 15 বা তার বেশী গুরুত্বপূর্ণ সংকেত একত্রিত হয়ে গেছে! এবার এই সব সংকেতগুলোকে ভালো করে দেখুন আর ওগুলোর সাহায্যে পুরো অধ্যায়কে মনে করার চেস্টা করুন!

5. এর পরের বার যখন আপনি অধ্যায়ের পুণরধ্যয়ন করবেন, তখন এই সব গুরুত্বপূর্ণ সংকেতগুলো আপনাকে দ্রুত পুণরধ্যয়ন করতে সহায়তা করবে!

গুরুত্বপূর্ণ সংকেত ঃ	***প্রতিনিধি শব্দ***

67. বৈজ্ঞানিক তথ্যকে মনে করা!

সীসার গলে যাওয়ার বিন্দু হচ্ছে 327°C তাপমাত্রা নাকি 237°C তাপমাত্রা? রূপোর গলে যাওয়ার বিন্দু 1950°C না 1590°C? এ্যাটোমিক মাস্ অফ্ মাকারী 201 না 210 এ.এম.ইউ?

ছাত্র-ছাত্রীরা প্রায়ই এই সব তথ্যকে জানার এবং মনে রাখার ক্ষেত্রে সমস্যার মুখোমুখি হন! এই সব বৈজ্ঞানিক তথ্যকে কি করে সহজে মনে রাখা যায়?

ধ্বনি বিধি ঃ

ধ্বনি বিধির সাহায্যে আপনি বৈজ্ঞানিক তথ্যগুলোকে মনে করার এবং বোঝার সমস্যার হাত থেকে মুক্তি পেতে পারেন! এই বিধিতে 0 থেকে 9 অংকের স্মৃতি-চিহ্নের রূপে অক্ষর প্রদান করা হয়! আপনি এই সব সংখ্যাগুলোর স্মৃতি-চিহ্নগুলোর নিম্নাংকিত অক্ষরগুলোকে মনে রাখার চেস্টা করুন ঃ-

সংখ্যা চিহ্ন **(Number Code)**	*একই রকমের বাংলা উচ্চারণ* **(Corresponding Bengali Pronounciation)**	*মনে রাখার জন্য পরামর্শ* **(Hints for Memorizing)**
1. t বা d	ট বা ড	অক্ষর t বা d-য়ের এক ডাউন স্ট্রোক (down stroke)!
2. n	ন	অক্ষর n-য়ের দুই ডাউন স্ট্রোক!
3. m	ম	অক্ষর m-য়ের তিন ডাউন স্ট্রোক!
4. r	র	ইংরেজী শব্দ four-য়ের অন্তিম অক্ষর, বাংলা শব্দ চার-য়ের অন্তিম অক্ষর, ল্যাটিন শব্দ quitter-য়ের অন্তিম অক্ষর!
5. l	ল	রোমান L 50 হয়!
6. J (Sh)	শ	6-য়ের দর্পন চিত্র!
(Chg)	চ	
(dy)		

7. K ক দুটো 7 মিলে K হয়!

K ⟶ 

8. f বা V ফ বা ভ f অক্ষরে দুটো লুপ থাকে!

9. p বা b প বা ব p/b-র রচনা একই রকম!

10. S স সূর্য্য!

এই সব কোডগুলো মনে রাখতে কয়েকটা মিনিট লাগান! এবার আমরা এক-এক করে এগুলোকে বোঝার চেষ্টা করব... যেমন সীসার গলে যাওয়ার বিন্দু হচ্ছে 327^0 তাপমাত্রা!

(1) প্রতিটা সংখ্যাকে ধ্বনিতে দেওয়া অক্ষরে পরিবর্তিত করুন!

3	2	7
M	**N**	**K**

(2) এবার আপনি m, n, k উচ্চারণ করার ধ্বনিগুলোকে ক্রমাণুসারে ভাবুন!

যেমন–

(i) MoNKey
(ii) MaNeKa
(iii) MoNiKa

(3) এবার ওপরে উল্লেখিত যে কোন বিকল্পের সীসার সঙ্গে সম্পর্ক স্হাপন করুন!

সম্পর্ক ঃ MoNKey সীসার পেন্সিল দিয়ে লিখছে!

(4) এই জিনিষটার ভালো মানসিক চিত্রণ করুন!

যখনই আপনার সীসার গলে যাওয়ার বিন্দুর প্রয়োজন পড়বে, আপনার মস্তিস্কে MoNKey শব্দটা তৎক্ষনাত মনে পড়ে যাবে এবং MoNKey-র পরিবর্তন সর্বদা 327^0C হবে! আপনি অপ্রয়োজনীয় অক্ষর (o, e, y) গুলোর দিকে মনোযোগ দেবেন না! এইসব অক্ষর কোন সংখ্যার প্রতিনিধিত্ব করে না! এই প্রক্রিয়া 30 সেকেণ্ডের বেশী সময় নেবে না!

> *বুদ্ধিমান ব্যক্তিও মূর্খদের সঙ্গতে পড়ে মূর্খ হয়ে পড়ে!*
> **– *আরবিক প্রবাদ***

অন্য উদাহরণ ঃ রূপো 1950ºC তাপমাত্রায় গলে যায়!

1	9	5	0
t	b	l	s

পরিবর্তন ঃ TaBLeS
সম্পর্ক ঃ রূপোর টেবিল!
মানসিক চিত্রণ ঃ কল্পনা করুন যে, আপনার টেবিল রূপোর তৈরী!
অন্য উদাহরণ ঃ এ্যাটোমিক মাস্ অফ্ মার্কারী 201 এ.এম.ইউ!

2	0	1
n	s	t

পরিবর্তন ঃ A NeST
সম্পর্ক ঃ মার্কারী থার্মোমিটার NeSt-তে আছে!
এই ভাবে আপনি বাড়ীর নম্বর এবং টেলিফোন নম্বরও মনে রাখতে পারবেন! উদাহরণ হিসেব আপনি এক মোবাইল ফোন নম্বর 9811139474-কে মনে রাখতে চাইছেন! আপনি 98 সংখ্যাকে উপেক্ষা করতে পারেন... কারণ প্রায় সব মোবাইল ফোন নম্বরই 98 সংখ্যা দিয়েই শুরু হয়!

1	1	1	3	9	4	7	4
t	t	t	m	k	r	k	r
d	d	d		d			

পরিবর্তন ঃ DDT MyPaRKeR
সম্পর্ক ঃ মানসিক চিত্রণ করুন যে, My PaRKeR (পেন)-তে DDT ভরা হচ্ছে!

68. ফর্মূলার জন্য সম্পর্ক বিধি !

আমি প্রায়ই এটা চিন্তা করে অবাক এবং অস্থির হয়ে উঠি যে, এটা Cos^2 না Cos^{O2} ? এটা কি $a^2b - b^2a$ না কি b^2a-a^2b? এটা $4\cos^3A - 3CosA$ নাকি $3\ CosA - 4Cos^3A$?

এগুলো হচ্ছে এমন কিছু অভিযোগ, যেগুলো প্রায়ই ছাত্র-ছাত্রীদের মুখ থেকে শুনতে পাওয়া যায় ! ফর্মূলাগুলোকে স্মরণ করতে গিয়ে সামান্যতম ভুল হয়ে পড়লেই সব পরিশ্রম ব্যর্থ হয়ে যায় ! এবার মুখ্য প্রশ্ন হল এটা যে, এইসব অস্থির করে তোলা পরিস্থিতির হাত থেকে কি করে মুক্তি পাওয়া সম্ভব ?

ফর্মূলা বিধি ঃ

পরামর্শ 1 ঃ একটা ফর্মূলা বুক তৈরী করুন এবং যখনই কোন নতুন ফর্মূলার ব্যাপারে জানতে পারবেন, এই বইতে লিখে নিন !

***পরামর্শ** 2 ঃ* এইসব ফর্মূলাকে শ্রেণীবদ্ধ করে নিন !

***শ্রেণী**-1 ঃ* ফর্মূলাগুলোকে বুঝে মনে রাখা উচিত, মুখস্থ করে নয় ! উদাহরণ হিসেবে ঃ $|Z^1+Z^2|\leq|Z^1|+|Z^2|$

$||Z^1|-Z^2||\leq|Z^1-|Z^2|$ ত্রিভুজ অসমানতা

যাঁরা ত্রিভুজ অসমানতা পড়েছেন, তাঁরা এটা ভালো করেই বোঝেন যে, এইসব ফর্মূলাগুলোকে মুখহ করে নয়, বুঝে মনে রাখা উচিত ! মুখস্থ করা জিনিষকে মনে রাখাটা বিপজ্জনক হয় !

শ্রেণী - 2 ঃ এই ফর্মূলাগুলোকে মুখস্থ করে মনে রাখুন !

উদাহরণ –

$$Cos^2A = \frac{1-tan^2A}{1 + tan^2 A}$$

$$Cos^3A = 4\ Cos^3 A - 3\ CosA$$

পরামর্শ - 3 ঃ ফর্মূলার সেই অংশটাকে চিনে নিন, যে অংশটা

> *আপনি নিজের ঘনিষ্ঠদের দোষ-গুণ বের করেন, ওদের জীবনের অভিজ্ঞতা আপনার জীবনকে প্রভাবিত করবে !*
>
> ***– জন ম্যাক্সওয়েল***

আপনাকে ভ্রমের মধ্যে ফেলে!

উদাহরণ ঃ $\cos^2 A$ কি $\frac{1-\tan^2 A}{1+\tan^2 A}$

না $\frac{1+\tan^2 A}{1-\tan^2 A}$

$\cos^3 A$ কি

$4\cos^3 A-3\cos A$ না $3\cos A-4\cos^3 A$

পরামর্শ 4 ঃ ফর্মূলার যে অংশটা অস্হির করে তোলে, তাকে মুখ্য অংশ করে তুলুন!

উদাহরণ ঃ

$$\boxed{\cos^2 A} = \frac{\boxed{1-}\tan^2 A}{1+\tan^2 A}$$

$$\boxed{\cos^3 A} = \boxed{4\cos^3 A - 3\cos A}$$

এইভাবে বিশেষত্ব প্রদান করে আপনি অস্হির করে তোলা অংশকে মানসিক চিত্রণ প্রদান করে দিয়েছেন, যেটা পরে স্মরণ করার কাজে সহায়ক হয়ে উঠবে!

গুরুত্বপূর্ণ সংকেত ঃ	***মুশ্কিল অংশকে প্রমুখতা প্রদান***

69. বিদেশী ভাষার শেখার জন্য প্রায় একরকম শব্দের টেক্‌নিক !

একজন বিক্রেতা, যিনি নিজের খরিদ্দারদের সঙ্গে খরিদ্দারের ভাষায় কথা বলেন, তিনি নিজের অন্য সেই সব প্রতিযোগী বিক্রেতাদের থেকে ভালো পরিস্থিতিতে থাকেন, যাঁরা খরিদ্দারের ভাষায় কথা বলার যোগ্যতা রাখেন না ! কোন ব্যবসাকে সফল করে তুলতে হলে সেই সব পদ্ধতিকে গ্রহণ করতে হয়, যেসব পদ্ধতি ব্যবসাকে সফল করে তুলতে জরুরী হয় ! এর মধ্যে বিদেশী ভাষার জ্ঞান আজকের প্রেক্ষাপটে অত্যন্ত জরুরী হয়ে উঠেছে ! বিদেশী ভাষা শেখার সব থেকে সহজ পদ্ধতি কি ?

সমাধান – সম্পর্কসূত্র বিধি ঃ

উদাহরণ ঃ আপনি যদি ফরাসী শব্দ Jeu-র অর্থ game মনে রাখতে চান, তাহলে আপনি শব্দের রূপে সম্পর্ক তৈরী করে মনে রাখতে পারেন অর্থাৎ এটা ভাবুন যে, game খেলতে-খেলতে আপনার প্রস তা (joy) অনুভব হচেছ ! আমাদের যখনই প্রয়োজন হবে, আমরা এই ভাবে ভাবার পদ্ধতির দ্বারা বিদেশী শব্দকে স্মরণ করতে পারি ! অভিজ্ঞতা এটা জানাচেছ যে, কিছু দিন পরে সম্পর্ক সূত্র আমাদের মস্তিস্ক থেকে উধাও হয়ে যায় এবং ইংরাজী আর ফরাসী ভাষার মধ্যে সম্পর্ক এত শক্তিশালী হয়ে ওঠে যে, সময় এলে কোনরকম সম্পর্ক সূত্র ছাড়াই ভাষা সরাসরি আয়ত্ত হয়ে পড়ে !

উদাহরণ *1 ঃ* ফরাসী শব্দ lagare-র অর্থ হচেছ railway station! আমরা এটাকে line guard-য়ের রূপে ভেবে স্মরণ করতে পারি... যার উচ্চারণ lagare-র সঙ্গে অনেকটা মেলে ! এবার এটাকে line guard of railway station-র অর্থের রূপে ভেবে সম্পর্ক স্হাপন করা যেতে পারে !

উদাহরণ *2 ঃ* স্প্যানীশ শব্দ el libro-র অর্থ হচেছ বই !

পরামর্শ-1 ঃ এই উচ্চারণের মতই শব্দ হতে পারে library!

পরামর্শ - 2 ঃ স্প্যানীশ শব্দ el libro-কে library-র সঙ্গে যুক্ত করে এর অর্থ মনে-মনে ভাবুন, অর্থাৎ সেই স্হান, যেখানে বই সুব্যবস্হিত ভাবে রাখা হয় !

উদাহরণ-3 ঃ ল্যাটিন শব্দ Poena-র অর্থ হচেছ punishment!

পরামর্শ-1 **ঃ** ঠিক এইরকম উচ্চারণের শব্দ হচ্ছে peon!

পরামর্শ-2 **ঃ** Peon ভুল করায় ও punishment পেল! এইভাবে ল্যাটিন আর ইংরাজী শব্দের মধ্যে সম্পর্ক তৈরী করে মনে রাখলে সফলতা পাওয়া যায়!

অন্য ভাষার আরও কিছু উদাহরণ এখানে দেওয়া হল ঃ-

English	**Linking Word**	**French**
pavement	trot	le trottoir
depth	profound	la profoundeur
body	corporal	le corps
knife	cut	le couteau
foreigner	stranger	un etranger
the back	dorsal	le dos
father	paternal	le pere
mother	maternal	lamere
green	verdant	vert
horse	cavalry	le cheval
flower	florist	la fleur
barn	grain	el granero
narrow	strait	estrecho
sea	marine	el (or la) mar
desk	scribble	el escritorio
book	library	el libra
word	palaver	lapalabra
ladder	scale	la escalera
sky	celestial	el cielo
tree	arboreal	eldrbol
cloud	nebulous	la nube
world	mundane	el mundo
stone	petrous	la piedra
water	aqueous	la agua
silver	plate	la palata

যে আপনাকে সাঁতার শেখায়, তাকে ডোবাবেন না! যার থেকে আপনি ব্যবসা করতে শেখেন, তার বিরূদ্ধে ব্যবসা করতে যাবেন না!

– সি. এইচ. স্পার্জন

English	Linking Word	German
mirror	speak	der Spiegel
medicine	arsenic	die Arznei
miracle	wonder	das Wunder
short	curt	kurz
black	swarthy	schwarz
girl	maid	das Mdchen
chair	stool	der Stuhl
piano	clavichord	das Klavier
flour	meal	das Mehl
desk	pulpit	das Pult

English	Linking Word	Latin
new	novel	novus
land	territory	terra
field	acre	age
man	human	homo
war	belligerent	bellum
strom	tempest	tempestas
hand	manual	manus
head	cap	caput

70. শব্দের সঙ্গে বন্ধুত্ব কি করে করবেন ?

প্রতিযোগিতামূলক পরীক্ষায় অভিধানের একটা গুরুত্বপূর্ণ ভূমিকা থাকে !

যে পদ্ধতি আমরা অন্যান্য বিদেশী ভাষার শব্দ মনে রাখার জন্য গ্রহণ করেছিলাম, সেই পদ্ধতি ইংরাজী ভাষার শব্দ মনে করার ক্ষেত্রেও প্রয়োগ করা যেতে পারে ! এমনিতে স্পষ্ট ভাবে দেখলে দেখা যাবে যে, আমরা যদি স্প্যানীশ এবং ইংরাজী শব্দগুলো প্রথমবার শুনি, তো সব শব্দই শুনতে একই রকমের লাগে ! আমরা যদি বিশেষ কোন শব্দকে না জানি, তাহলে ওটা জানার জন্য একটা কিছু অবশ্যই করা উচিত ! এমন শব্দকে মনে রাখার সব থেকে ভালো পদ্ধতি হল, এইসব শব্দের সঙ্গে সম্পর্ক সূত্র স্হাপন করা !

Word	Meaning	Link
ablution	washing, cleaning	bluing, or lotion
helot	a salave	it's a hell of a lot to be a slave
hedonism	self-indulgence, devotion to pleasure	plunging head on into pleasure
psoriasis	a skin disease	sores
litigant	one engaged in a lawsuit	little to gain
amanuensis	secretary	manuscript
hegemon	leadership, superiority	hedge (first over the)
flagellate	to whip	flog
conversant	familiar by use of study	conversation (we should hold conversation about things we are familiar with)
aver	to affirm positively	verify
appophthegm	a brief statement of a recognized thruth	apostle
exculpate	to clear from the culprit imputation of a fault	

71. সাধারণ জ্ঞান / পরিভাষা / বায়োলোজিক্যাল শব্দের জন্য – স্মৃতিবিধি

(এই অধ্যায়টা পড়ার আগে অভিধান এবং বিদেশী ভাষা শেখার জন্য সম্পর্ক সূত্র বিধি সম্পর্কিত অধ্যায় অবশ্যই পড়ুন)

আমরা যদি বুলগেরিয়ার রাজধানী সোফিয়ার নাম মনে করতে চাই, তাহলে আমরা মনে-মনে এমনটা ভাবতে পারি – বুল (গারিয়া) সোফা (ইয়া)-র ওপরে বসে আছে !

Country	***Capital***
Bahrain	***Manna***

***সম্পর্ক সূত্র* ঃ** A man (na) in (Bah) rain

Belgium	***Brussels***

***সম্পর্ক সূত্র* ঃ** GM Cleaning a Bell with Brush (sels)

Camaraoon	***Yaoonda***

***সম্পর্ক সূত্র* ঃ** এক ব্যক্তি Camera (room) দিয়ে (Ya) Honda-র ফোটো তুলছে !

Bermooda	***Hemilton***

***সম্পর্ক সূত্র* ঃ** মানসিক চিত্রণ করুন (He) melting Bermnda

Cuba	***Havana***

***সম্পর্ক সূত্র* ঃ** A Cube (a) in Heaven

Dominica	***Roseau***

***সম্পর্ক সূত্র* ঃ** আপনাকে Domino's Pizza, Rose-য়ের সঙ্গে সার্ভ করা হয়েছে !

ঠিক এই ভাবে খনিজ, শিল্প এবং স্হানের নাম মনে রাখার জন্যও সম্পর্ক সূত্র বিধির প্রয়োগ করা যেতে পারে ! উদাহরণ হিসেবে, কটনী

> *আমরা আমাদের চিন্তাধারার কারণেই ওপরে উঠি !*
> ***– ওরিসন স্বেট মার্ডেন***

জায়গাটা সিমেন্টের জন্য প্রসিদ্ধ! ভাবুন এবং মানসিক চিত্রণ করুন যে, Cat's knee (কটনী) সিমেন্ট দিয়ে তৈরী!

Place	***Mineral/Industries***
Mysore	Silk

সম্পর্ক সূত্র ঃ My Saree (Mysore) is made of silk.

Pimpri	Penicilin

সম্পর্ক সূত্র ঃ Pimples হঠাবার জন্য Penicilin লাগান!

এভাবে কঠিন বায়োলোজিক্যাল শব্দ এবং পরিভাষা মনে করার জন্যও এই টেক্‌নিক প্রয়োগ করা চলে!

1. Buccal cavity - মুখের ক্যাভিটি, যার মাধ্যমে ভোজন ভেতরে যায়!

সম্পর্ক সূত্র ঃ মানসিক চিত্রণ করুন যে,আপনার মুখ buccaling করছে!

2. Graft - জানোয়ার বা গাছ-পালার মধ্যে কোন শারীরীক অঙ্গ বদলানো!

সম্পর্ক সূত্র ঃ Grafting with organs!

72. বানানের জন্য তীক্ষ্ম স্মৃতি-I

আমি অনেকবার সংশয়ে পড়ে যাই যে, 'e'-য়ের আগে 'i' আসে, না 'i'-য়ের আগে 'e' আসে! এটা কি 'ocassion', না 'occassion' না কি 'Occasion'? কোন্টা শুদ্ধ... 'Principal' না 'Principle? 'Principle'-য়ের অর্থ নিয়ম না মুখ্য? যে ব্যক্তির চিত্রণ-স্মৃতি ভালো হয়, তিনি ভালো ভাবে spell করতে সমর্থ হন! ওনার ক্ষমতা অন্যদের থেকে ভালো হয়! আমরা এটা প্রত্যেকেই জানি যে, আমরা বলার সময় এক ধরনের ইংরাজী বলি, লেখার সময়ে অন্য ধরনের ইংরাজী লিখি! ভালো মানসিক চিত্রণ করা ব্যক্তি সাধারণতঃ শব্দ লেখার সময় ভুল করেন না... কারণ উনি ধ্বনি শুনেই এটা আন্দাজ করে নেন যে, শব্দটার বানান কি?

শব্দ-বিন্যাসে ভুল করার হাত থেকে বাঁচতে হলে নিজের কল্পনাশক্তি, মানসিক চিত্রণকে কাজে ফিরিয়ে আনুন! আমি আপনাদের এটা জানাতে চলেছি যে, মানসিক চিত্রণ ফর্মূলা দ্বারা কি করে সংশয়ের হাত থেকে বাঁচা যেতে পারে?

নিয়ম-1 ঃ ধরুন, কোন শব্দের মধ্যে একটা ভুল অক্ষর পুরে দেওয়া হয়েছে! উদাহরণ – Calender-য়ের জায়গায় Calander!

পরামর্শ ঃ Calender শব্দটাকে পাঁচ বার লিখুন এবং 'e' অক্ষরকে Capital অক্ষরে লিখুন! CalEnder, CalEnder, CalEnder, CalEnder, CalEnder! এবার আপনি 'e'-য়ের জায়গায় 'a' লিখবেন... সেটাও Capital অক্ষরে! এভাবে 'e' অক্ষরটা আপনার মানসিক চিত্রণে ঢুকে যাবে!

নিয়ম-2 ঃ শব্দের শেষে অনাবশ্যক অক্ষর জুড়ে দিন! উদাহরণ – develope!

পরামর্শ ঃ অশুদ্ধ শব্দ লিখুন!

আজ্ঞে হ্যাঁ, এরও একটা অর্থ আছে! অশুদ্ধ শব্দ লেখার পরে শেষের 'e' অক্ষরটার ওপরে পেন্সিল দিয়ে বড়-বড় ক্রস (cross) চিহ্ন এঁকে দিন! develop~~e~~, develop~~e~~, develop~~e~~, develop~~e~~, develop~~e~~!

এভাবে আপনি নিজের ভুলকে visualize করে নিতে পারবেন এবং ভুলেও এই ভুল আর আপনার হবে না!

নিয়ম-3 ঃ যদি কোন শব্দে একই অক্ষর পর-পর দু বার আসে, তাহলে সেটাকে এভাবে মুখস্থ করুন!

উদাহরণ – Occurrence!

পরামর্শ ঃ শব্দটাকে পাঁচ বার লিখুন! যমজ অক্ষরকে Capital অক্ষরে লিখুন এবং ঐ অক্ষরগুলোর তলায় লাইন টেনে দিন!

o**CC**u**RR**ence, o**CC**u**RR**ence, o**CC**u**RR**ence, o**CC**u**RR**ence, o**CC**u**RR**ence!

নিয়ম-4 ঃ ধ্বনিরহিত অক্ষরকে ভুলে গিয়ে লিখুন! যেমন-বিনা 'e'-র Managment!

পরামর্শ ঃ পাঁচ বার লেখার পরে 'g' আর 'e'-কে এক সঙ্গে বৃত্তের মধ্যে রাখুন!

Management, Management, Management, Management, Management!

নিয়ম-5 ঃ Principle-য়ের অর্থ হচ্ছে *নৈয়ম'* আর Principal-য়ের অর্থ হচ্ছে *মুৈখ্য'*!

স্মৃতি-সহায়তা ঃ Principle-য়ের অর্থ হচ্ছে Rule আর Principal হচ্ছে আমার বন্ধু (Pal)!

কিছু কঠিন শব্দের সূচী এখানে দেওয়া হল ঃ-

A
accessible
accomodate
accured
acquitted
across
allege
allotted
all right
apparel
athletics
audible
auxiliary

B
benefitted
besiege
bookkeeper

C
calendar
cincinnati
cite (quotation)
collateral
concession
consensus
counterfeit

D
develop
dictionary
disappear
disappoint
discipline
dissatisfied
dissimilar

E
eligible
embarrass

> *প্রাথমিক রূপে মায়ের দ্বারা তৈরী বাড়ীর পরিবেশই ওটাকে বাসযোগ্য করে তোলে!*
>
> **– জে. আর. বুকহোফ**

enervate
equipped
especially
exhilarate
existence
exorbitant
extension
G
grammer
H
harass
hypocrisy
I
illegible
incredible
inoculate
intercede
irresistible
L
laboratory
legitimate
license
loneliness
M
mail chute
maintenance
management
mileage
misspel
momentous
mucilage
N
ninth
noticeable
O
occasion
occurred
occurrence
ommission
ommitted
P
pamphlet
penitentiary
personnel
persuade
precede
preferring
prejudice
principal
procedure
profession
pronunciation
Q
questionnaire
R
recommend
referring
repetition
restaurant
S
seize
sentinel
separate
sergeant
serviceable
site (a place)
supersede
T
tragedy
transient
typing
U
unmanageable
W
welfare
whose
Y
yield

73. স্মৃতিশক্তির সাহায্য বানানে উ তি-II

এই অধ্যায় হচ্ছে এর আগের অধ্যায়টারই শেষাংশ – যাতে আমরা কিছু মেমোরী টিপ্‌সের উল্লেখ করেছি, যাতে বানানে কম ভুল হয়! আমরা অনেক সময় সংশয়ে পড়ে যাই যে, এটা কি Privilage হওয়া উচিত, না Pivilage? কোন্ বানানটা ঠিক – Drunkenness না Drunkeness? Truely আর Truly-র মধ্যে কোন্ বানানটা ঠিক? Seizure ঠিক না siozure? এখানে আরও কিছু স্মৃতি-টেক্‌নিকের সম্বন্ধে জানানো হচ্ছে!

টেক্‌নিক-1 ঃ

1. সংশয়ে ফেলে দেওয়া শব্দটাকে লিখুন! উদাহরণ ঃ repitition না repetition?

2. যে অক্ষরটা সংশয়ে ফেলছে, তার সঙ্গে সম্পর্ক গড়ে তুলুন! যেমন – প্রথম Pet নিন, তারপর দ্বিতীয় Pet, তারপর তৃতীয় pet – এই হচ্ছে repetition! ঠিক এই ভাবে, sarprise-য়ের জায়গায় surprise মনে করুন আর মনে রাখুন! এমনটা ভাবুন যে, যে surprised হয়ে পড়ে, সে surrender করে!

আরও কিছু উদাহরণ ঃ

Co**ol**ly : ‘o’ আর ‘l’-কে দ্বিগুণ করে coolly বানান করুন!

Super**se**de : Supersede-য়ের অর্থ হচ্ছে set aside করা!

disa**pp**ear : দুজন অংশীদার and disappointed ছিল, disa**pp**oint :তারপর ওরা disappear হয়ে গেল!

inimi**ta**ble : পার্টিতে টেবিল inimitable মতন রাখা ছিল!

reco**mm**end : কমাণ্ডান্ট দুজন mariners-য়ের প্রোমোশনের জন্য সুপারিশ করেছিলেন!

privi**lege** : প্রতিটা legacy হচ্ছে এক privilege!

inciden**tally** : কেউ লম্বা হয়, কেউ বেঁটে… এটা সম্পূর্ণ incidental!

> *অসম্ভব আর সম্ভব – দুটোই আমাদের মস্তিষ্কের ফসল!*
>
> **– আর্থার. ই. এলার্ক**

74. সংকেতের মাধ্যমে ভাবুন !

ধরুন, আপনি হৃদয় এবং ফুসফুসের কার্য্যপ্রণালীর ব্যাপারে পড়ছেন ! এর জন্য একটা পদ্ধতি তো হচেছ এটা যে, আপনি প্রতিটা অঙ্গের ব্যাপারে এবং তার কার্য্যপ্রণালীর সম্বন্ধে নোট করে নিন ! দ্বিতীয় পদ্ধতি হচেছ এটা যে, আপনি এগুলোর ব্যাপারে একটা রেখাচিত্র বানিয়ে নিন ! একে ***চৈত্রিত চিন্তাধারা'*** বলা হয় !

ধরে নেওয়া যাক যে, একটা বৃত্ত হৃদয়কে ইঙ্গিত করে ! আর দুটো ডিম্বাকৃতি ফুসফুসকে ইঙ্গিত করে ! এই সব জিনিষ শরীরের বড় চিত্রে ঠিক ভাবে ব্যবস্হিত আছে !

এবার এই চিত্রে এটা দেখান যে, অশুদ্ধ রক্ত হৃদয় থেকে বেরিয়ে এসে ফুসফুসের দিকে যাচেছ, যেখানে অক্সিজেন গ্রহণ করা হয় আর কার্বন-ডাই-অক্সাইড বের করে দেওয়া হয় ! এবার লাল সংকেত আবার একবার হৃদয়ের দিকে যেতে দেখান... এর অর্থ শুদ্ধ রক্ত হৃদয়ে ফিরে আসছে আর তারপর শরীরের বিভি অঙ্গে পৌঁছচেছ !

এই ভাবে, ঠিক এই মানচিত্র একটা চার্টেও দেখানো যেতে পারে ! একথা বলার পেছনে উদ্দেশ্য হল এই যে, বিভি তথ্য-একককে এক-এক করে একত্রিত করে ভালো ভাবে প্রদর্শিত করা যেতে পারে ! এটা গুরুত্বপূর্ণ নয় যে, তথ্য কোন্ জায়গা থেকে পাওয়া যাচেছ !

বিন্দু, রেখা, বৃত্ত আর সংকেতের মাধ্যমে ভাবুন, শব্দ বা মুদ্রায় ভাষায় নয় !

গুরুত্বপূর্ণ সংকেত ঃ

গুরুত্বপূর্ণ সংকেত ঃ	***রেখাচিত্র***

যেসব বাচ্চাদের মা-বাবা বাচ্চাদের জন্য প্রয়োজনের অতিরিক্ত করেন, সেই সব বাচ্চারা নিজেদের জন্য কিছুই করতে পারে না !

– এ্যালবার্ট হাবার্ড

75. ছোট-ছোট টুকরোয় মনে রাখুন !

ব্যর্থতা নতুন করে সূত্রপাতের জন্ম দেয়! একথা সম্পূর্ণ সত্য যে, সফলতা প্রাপ্ত করার জন্য ব্যর্থতার হারকে দ্বিগুণ করে দেওয়া উচিত! ব্যর্থ হলে মানুষ নতুন করে চেষ্টা করে... নতুন চিন্তাধারার জন্ম দেয়... নতুন-নতুন লোকেদের সংস্পর্শে আসে... নতুন সংগঠন বা বন্ধুত্ব তৈরী করে! অন্য দিকে সফল হলে মানুষের চিন্তাধারা সংকীর্ণ হয়ে ওঠে!

পড়াশোনায় এই চিন্তাধারার প্রয়োগ কি করে করবেন ?

এই নিয়ম বা চিন্তাধারা দীর্ঘ ব্যাখ্যা এবং সাহিত্যের ক্ষেত্রে ভালো ভাবে প্রযোজ্য হয়! বড় টপিককে মনে রাখার সব থেকে ভালো পদ্ধতি হচ্ছে এটা যে, ঐ বিষয়কে বিভি অংশে ভাগ করে দেওয়া যাক! এই ভাবে, ছোট-ছোট অংশে বিভক্ত পাঠকে মনে রাখা আরও সহজ হয়ে উঠবে! এই ভাবে অপূর্ণ কাজকেও লাভদায়ক করে তোলা যেতে পারে!

গুরুত্বপূর্ণ সংকেত ঃ	অপূর্ণ কাজ

মহৎ ব্যক্তিদের গুণের ব্যাপারে একমাত্র তখনই জানা যায়, যখন ওনারা চলে যান!

– রাল্ফ ওয়াল্ডো এমার্সন

76. আভ্যন্তরীন শক্তির সহায়তায় নিশ্চিত সফলতা !

মহান ধাবকেরা এই জিনিষটাকে মানেন যে, খেলায় 60-90% সফলতায় মানসিক চিন্তাধারার গুরুত্ব অপরিসীম ! এই জিনিষটা কেবলমাত্র খেলাধূলার ক্ষেত্রেই নয়, জীবনের প্রতিটি ক্ষেত্রেই প্রযোজ্য হয় ! আভ্যন্তরীন শক্তি এবং স্বয়ং-পরামর্শ আমাদের গন্তব্য পর্যন্ত্য ভালো ভাবে এবং দ্রুত পৌঁছে দিতে পারে !

পরীক্ষায় আভ্যন্তরীন শক্তির প্রয়োগ কি করে করবেন ?

পরীক্ষা শুরু হবার আগের দিন রাতে, মনে করার জন্য পাঁচ মিনিটের জন্য আভ্যন্তরীন শক্তির প্রয়োগ করুন এবং নিম্নলিখিত জিনিষগুলো চিন্তা করুন ঃ-

1. নিজের চোখ বণ্ধ করুন আর এমনটা ভাবুন যে, আপনি পরীক্ষা কেন্দ্রের দিকে যাচেছন এবং নিজের সীট খুঁজে নিয়ে বসছেন !
2. এমনটা অনুভব করুন যে, পরীক্ষক আপনার দিকে এগিয়ে আসছেন এবং আপনাকে প্রশ্নপত্র আর উত্তর-পুস্তিকা দিচেছন !
3. এবার আপনি মনে-মনে পরীক্ষার নিয়ম আর প্রশ্নপত্র পড়ছেন !
4. এবার আপনি নিজেই নিজেকে পরামর্শ দিন আর ভাবুন যে, আপনি প্রতিটা প্রশ্নের ঠিক-ঠিক উত্তর লিখছেন এবং সময়ের আগেই সব প্রশ্নের লিখে ফেলছেন !

পরীক্ষার আগে এই ধরনের অভ্যাস আপনার ভেতরে আত্মবিশ্বাসের সৃষ্টি করবে... তার সঙ্গে-সঙ্গে আপনার কার্য্যক্ষমতাতেও উ তি পরিলক্ষিত হবে !

গুরুত্বপূর্ণ সংকেত ঃ	***মানসিক অভ্যাস***

মূর্খতাপূর্ণ দৃঢ়তা মানুষকে পতনের রাস্তায় নিয়ে যায় !
– রাল্ফ ওয়াল্ডো এমার্সন

77. সামর্থ্য অনুযায়ী পড়ার সময়!

শুতে যাবার সময় এবং ঘুম থেকে ওঠার সময়, বিভি ব্যক্তির মধ্যে পৃথক-পৃথক ঘন্টার মধ্যে আলাদা-আলাদা স্তরের স্ফূর্তি থাকে! যেসব ব্যক্তি রাতে দেরী করে ঘুমোন এবং সকালে দেরী করে বিছানা ছাড়েন, তাঁরা সেই সব ব্যক্তিদের তুলনায়, যাঁরা রাতে তাড়াতাড়ি ঘুমোতে যান এবং সকালে তাড়াতাড়ি ঘুম থেকে ওঠেন, দিনের কোন একটা নির্দিষ্ট সময়ে মানসিক রূপে বেশী প্রখর থাকেন!

এই সব জিনিষ মুখ্য রূপে এই জিনিষটার ওপরে নির্ভর করে যে, আপনার ঘুম কতটা ভালো হয়েছে, সারা দিন আপনি কি খান, আপনার কার্য্যকলাপ কোন্ স্তরের এবং দিনের পীক্ টাইমে আপনি কতটা সতর্ক এবং কতক্ষন আপনি নিজের সতর্ক ভাবকে বজায় রাখতে পারেন?

প্রতিটা মানুষের সতর্ক থাকার নিজস্ব একটা স্টাইল থাকে! আপনি যদি নিজের সামর্থ্যের পুরোপুরি প্রয়োগ করতে চান, তাহলে আপনাকে এটা জানতেই হবে যে, আপনার সর্বশ্রেষ্ঠ সতর্কতার সর্বোচ্চ সীমা কোন্টা এবং কোন্ সময়ে আপনি নিজের এনার্জীর সব থেকে ভালো প্রয়োগ করতে পারেন? সেই সময়টাকে চিনে নিন এবং এটা জানার চেষ্টা করুন যে, দিনের কোন্ সময়ে আপনার সামর্থ্য সব থেকে ন্যুনতম স্তরে থাকে? নিজের সামর্থ্যের স্তরের কিছু দিন পর্যন্ত্য একটা সূচী তৈরী করুন! এর ফলে আপনি নিজের সতর্কতার ন্যুনতম স্তর এবং অধিকতম স্তরের ব্যাপারে জানতে পেরে যাবেন! এতে আপনার এই লাভটা হবে যে, যখন আপনার সঞ্চিত এনার্জী অধিকতম থাকবে, সেই সময় আপনি কোন সৃজনাত্মক কাজ, মানসিক কাজ এবং স্মৃতি-কাজ ভালো ভাবে করতে পারবেন এবং তার প্রভাবও বেশী হবে! এই ভাবে, আপনি নিজের কাজে পরিবর্তন এনে প্রাথমিকতা অনুযায়ী কাজ করার জন্য এক টাইম টেবিল বানাতে পারবেন!

অধিকতম সতর্কতাকে মাথায় রেখে নিজের মানসিক শক্তিকে ভালো ভাবে প্রয়োগ করুন!

গুরুত্বপূর্ণ সংকেত ঃ **উচ্চ সতর্কতা সময়**

আমরা যখন কোন অসম্ভব কাজ করে ফেলি, তখন আমরা অবাক হয়ে উঠি যে, এই কাজটা কি সত্যিই আমরা করেছি?

– থমাস এডিসন

78. ভালো পড়াশোনার জন্য জরুরী হচ্ছে ভালো ঘুম !

আমার কি রাত জেগে পড়াশোনা করা উচিত, নাকি সকালে তাড়াতাড়ি ঘুম থেকে উঠে পড়াশোনা করার অভ্যাস করা উচিত ? একজন বিদ্যার্থীর জন্য কত ঘন্টা ঘুমোন যথেষ্ঠ হয় ? পরীক্ষার দিনগুলোয় ঘুমের সময় কম করলে কি সত্যিই লাভ হয় ? দুপুরবেলা কি একটু ঘুমিয়ে নেওয়া উচিত ?

আমাদের এই সব প্রশ্নের সঠিক উত্তর জানা উচিত, যাতে প্রভাবশালী ভাবে আমরা নিজেদের পড়াশোনা করতে পারি ! ঘুমের গুরুত্বকে জানার জন্য নিম্নলিখিত জিনিষগুলোকে বোঝা অত্যন্ত জরুরী ঃ-

ঘুম জরুরী প্রোটিন উৎপাদন করে ঃ

ঘুমোবার সময়ে মস্তিস্কের সমস্ত ভাগগুলো বিশ্রাম করে না ! মস্তিস্কের কিছু নির্দিস্ট ভাগে ইলেকট্রিক্যাল কার্য্যকলাপ, অক্সিজেন ব্যবহার এবং এনার্জী ব্যয় হতে থাকে ! এই সব কার্য্যকলাপের সময় মস্তিস্কের কোশিকাগুলো প্রোটিন উৎপাদন করে ! এই প্রোটিন স্মৃতিকে ওমা করতে সহায়তা করে ! সুতরাং এটা অত্যন্ত জরুরী যে, আপনি পূর্ণ মাত্রায় ঘুমোন, যাতে প্রোটিন উৎপাদন হতে পারে ! কারণ, প্রোটিন উৎপাদন হওয়া আর নষ্ট হওয়াটা হচ্ছে এক দৈনন্দিন প্রক্রিয়া ! যদি পুরোন প্রোটিনের স্হানে নতুন প্রোটিন না আসে, তাহলে সমস্ত স্মৃতি ধীরে-ধীরে শেষ হয়ে পড়বে ! এজন্য, প্রোটিন প্রক্রিয়া দ্বারা স্মৃতিধারণ করার জন্য ঘুমের এক আলাদা গুরুত্ব আছে !

ঘুম তথ্যকে সু-ব্যবস্হিত করে ঃ

দিনের সময়ে আমরা যেসব তথ্য প্রাপ্ত করি, ঘুম সেগুলোকে সু-ব্যবস্হিত করে ! আমরা যা কিছু দেখি, শুনি, শুঁকি, স্বাদ গ্রহণ করি বা স্পর্শ করি... সেই সবের দ্বারা বিভি ধরনের তথ্য আমাদের মস্তিস্ক পর্যন্ত্য পৌঁছয় ! ঘুম এই সব তথ্যকে নাড়ি স্টোরেজে সু-ব্যবস্হিত করে ! তাই, ভালো ঘুমের সাথে কখনও সমঝোতা করা উচিত নয় ! আমাদের ভালোমতন ঘুমোন সর্বদা উচিত ! কতক্ষন ঘুমোনকে ভালো ঘুম বলা হবে, সেটা বিভি ব্যক্তির ক্ষেত্রে বিভি হতে পারে ! এটা দেখতে হবে যে, সেই ব্যক্তি কতটা শারীরীক আর মানসিক কাজ করেন এবং উনি কি ধরনের খাবার খান ? বিদ্যার্থীদের জন্য 6 থেকে 8 ঘন্টা ঘুম অত্যন্ত জরুরী ! এটাও মাথায় রাখা উচিত যে, পুরো ঘুম না হলে মানুষের তথ্য দীর্ঘকালীন সম্বগ্নের জন্য স্মৃতিতে পাঠানোর ক্ষমতা কমে যায় !

দুপুরের ঘুম ঃ

দুপুরের ঘুমের অর্থ হল সকালের কাজ শেষ করার পরে যখন মস্তিস্ক শিথিল অবস্হায় থাকে, তখন 30 থেকে 45 মিনিটের ঘুম মস্তিস্ককে এনার্জীতে ভরে দেয়! যদিও, এই ঘুম শারীরীক রূপে ব্যক্তিকে শিথিল করে দেয়, কিন্তু মস্তিস্ককে এনার্জীতে ভরে দেয়! আপনার চাকরী যদি এমনটা হয়, যাতে আপনি রাতে ভালোমতন ঘুমোতে পারেন না, তাহলে চিন্তিত হবার কোন প্রয়োজন নেই... আপনি কিছুক্ষন শান্ত ভাবে বা ধ্যানের মুদ্রায় বসতে পারেন! এতেও আপনার স্মৃতি তরোতাজা হয়ে উঠবে!

অনিদ্রার ওপরে নিয়ন্ত্রণ ঃ

যদি আপনার রাতে ঘুম না আসতে চায়, তাহলে তার জন্য আমাদের পরামর্শ হল ঃ-

1. রাতে খাবার খাবার পরে বা গভীর রাতে চা বা কফি খাওয়াটা বিকট সমস্যার সৃষ্টি করতে পারে! আপনি যদি দিনের মধ্যে যথেষ্ঠ মাত্রায় ক্যাফিন উপভোগ করে থাকেন, তাহলে সেটা আপনার ঘুমে বাধা সৃষ্টি করতে পারে!
2. বেশী প্রোটিনযুক্ত খাবার থেকে নিজেকে দূরে রাখুন – আপনার যদি রাতে ঘুম আসতে না চায়, তাহলে ঘুমোবার ঠিক আগে বেশী প্রোটিনযুক্ত খাবার খাবেন না!
3. ***ঘুমোবার ক্ষেত্রে সময়ের পালন*** – যদি আপনার ঘুমোবার সময়টা পরিবর্তিত হতে থাকে, তাহলে সেটাও অনিদ্রার কারণ হয়ে উঠতে পারে! তাই, ঘুমোবার সময়কে নির্দিষ্ট করে নিন!

শেষটা বেশী উপাদেয় হয় ঃ

এটা মস্তিস্কের একটা গুণ হয় যে, মস্তিস্ক মাঝখানে প্রাপ্ত তথ্যের থেকে প্রথমে এবং শেষে প্রাপ্ত তথ্যকে ভালো ভাবে ধারণ করে! আমরা যখন কোন ভাষণ শুনি বা সেমিনারে অংশ নিই, তখন আমরা প্রথম আর শেষের কথাগুলোকে বেশী করে মনে রাখতে পারি! ঠিক এই ভাবে, ফিল্ম দেখার সময়ও এমনটাই হয়! ঘুমোতে যাবার আগের শেষ ঘন্টা এবং ঘুমিয়ে ওঠার পরের একটা ঘন্টা অত্যন্ত গুরুত্বপূর্ণ হয়! এই দুটো সময়কে পড়াশোনার কাজে ব্যবহার করুন! আপনার যদি কোন কিছুর পুণরাবৃত্তি করার প্রয়োজন হয়, তাহলে ঘুমোতে যাবার আগের সময়টা অত্যন্ত গুরুত্বপূর্ণ হয়! সকালের সময়ে যেহেতু মস্তিস্ক অত্যন্ত বেশী সতর্ক হয়ে থাকে, সেজন্য সকালের সময়টাকে নতুন কোন বিষয় মনে রাখার কাজে লাগান!

গুরুত্বপূর্ণ সংকেত ঃ	***প্রোটিন, দুপুরের ঘুম, নিয়ম, সু-ব্যবস্হাপনা!***

79. পরীক্ষার জন্য !

পরীক্ষার প্রস্তুতির জন্য অধ্যাপক নিজের অভিজ্ঞতার ওপরে ভিত্তি করে সম্ভাব্য প্রশ্নের প্রস্তুতি নেবার জন্য বলতে পারেন ! পরীক্ষা শুরু হবার আগে আপনি কত দ্রুত প্রস্তুতি নিতে পারেন... পরীক্ষা শুরু হতে আর কত দিন বা কত সপ্তাহ বাকী আছে, এসব চিন্তা-ভাবনা করে প্ল্যান-প্রোগ্রাম বানাতে পারেন – এই জিনিষটা একজন ব্যক্তির ব্যক্তিগত চিন্তা-ভাবনা আর ক্ষমতার ওপরে নির্ভর করে ! আপনি যখন পরীক্ষার আগে পুণরধ্যয়নের কাজে ব্যস্ত থাকেন, তখন আপনার মাথার ভেতরে একটাই জিনিষ ঘুরতে থাকে যে, বাকী দিনগুলোর কি ভাবে সদ্ব্যবহার করা যেতে পারে ? সময় বড় দ্রুত কেটে যায়, তাই এটা অত্যন্ত জরুরী হয়ে ওঠে যে, পুণরধ্যয়ন দ্রুতগতিতে, যতটা সম্ভব তাড়াতাড়ি সেরে নেওয়া যাক ! এর জন্য নিম্নলিখিত পরামর্শগুলোর ওপরে মনোযোগ দিন ঃ-

নিজেকে ব্যবস্থিত করে তুলুন ঃ বিভি সময়ে প্রোগ্রাম অনুযায়ী নিজের পুণরধ্যয়নকে ব্যবস্থিত করুন ! পরীক্ষার আগের শেষ সপ্তাহগুলোর জন্য সাপ্তাহিক স্টাডি প্রোগ্রাম বানান... প্রতি দিনের জন্য দৈনিক প্রোগ্রাম এবং তার পরের কিছু ঘন্টার জন্য স্টাডি সেশন প্রোগ্রাম তৈরী করুন ! এই ত্রিস্তরীয় প্রোগ্রামের ফলে আপনি নিজেই এটা লক্ষ্য করবেন যে, কি ভাবে দৈনিক উ তি আপনার সম্পূর্ণ স্টাডি প্রোগ্রামকে প্রভাবশালী করে তুলছে !

প্রভাবশালী সময় ঃ অনেক ছাত্র-ছাত্রী এটা জানেন যে, ঠিক কখন ওনারা প্রভাবশালী ভাবে কাজ করতে পারেন ! কিছু ব্যক্তি সকালের দিকে বেশী কাজ করতে পারেন, তো কিছু ব্যক্তি রাতের বেলা ভালো কাজ করতে পারেন ! পরীক্ষার দিনগুলোয় আপনি প্রাপ্ত প্রতিটা সময়েই পড়ার ক্ষমতা রাখেন ! তাই, এমন একটা প্রোগ্রাম তৈরী করুন যে, আপনি যখন অত্যন্ত বেশী মাত্রায় এনার্জীতে ভরপুর হয়ে থাকেন, তখন কোন্ বিষয়টা পড়া উচিত ? কম এনার্জীযুক্ত সময়ে কোন্ বিষয়ের পুণরধ্যয়ন করা উচিত ? এই ভাবে, নিজের ক্ষমতার মূল্যাংকন করে প্রোগ্রাম বানান !

চিন্তা ত্যাগ করুন ঃ ভালো সূত্রপাত সত্ত্বেও, অনেকবার আপনি এটা দেখেন যে, আপনার মস্তিস্কের ভেতরে চিন্তার পোকা ঢুকে পড়েছে ! যদি এমনটা হয়, তো কয়েক মুহুর্তের জন্য উঠে দাঁড়ান, একটু এদিক-ওদিক পায়চারী করুন, গভীর নিঃশ্বাস ভেতরে নিন... আবার একবার

পড়ার টেবিলের কাছে ফিরে আসুন! দাঁড়িয়ে থাকা অবস্থায় আবার একবার গভীর নিঃশ্বাস নিন... কিন্তু এবার ধীরে-ধীরে!

সঠিক দিশায় ভাবুন ঃ একটা কার্ডে, *হ্যাঁ... আমি এটা করতে পারি!'* লিখে নিন এবং কার্ডটাকে নিজের বই আর নোটসের ঠিক সামনে রেখে নিন! এর ফলে, ঐ বাক্যটার ওপরে বার-বার আপনার দৃষ্টি পড়বে!

পড়ায় বিশ্রাম ঃ পড়াশোনা করার ফাঁকে-ফাঁকে কিছুক্ষনের জন্য বিশ্রাম অবশ্যই নিন! যখনই আপনি পড়তে-পড়তে ক্লান্তি অনুভব করবেন, তখন কিছুক্ষন বিশ্রাম করে নিন! যখন আপনি বেশী মাত্রায় পড়াশোনা মনে করার চেস্টা করছেন, তখনই আপনার মস্তিস্কের বিশ্রামের প্রয়োজন হয়ে পড়ে... যাতে আপনার ক্ষমতা বজায় থাকে! স্টাডি টেবিল থেকে কিছুক্ষনের জন্য উঠে পড়ুন, একটু এদিক-ওদিক পায়চারী করুন, নিজের মনোযোগ অন্য কোন জিনিষের ওপরে কেন্দ্রীভূত করে নিন... তারপর আবার স্টাডি টেবিলে ফিরে এসে পড়াশোনা শুরু করুন!

একাগ্রচিত্তে পড়াশোনা ঃ পুণরধ্যয়নের সময় বিশেষ-বিশেষ পয়েন্টগুলোর ওপরে মনোযোগ কেন্দ্রীভূত করুন! সময় সীমিত হবার ফলে আপনাকে এটা বেছে নিতে হবে যে, কি ভাবে যতটা সম্ভব বেশী পড়া যায়! বিস্তৃতভাবে পড়ার আর সেগুলোকে মনে রাখার মত সময় তখন আর থাকে না! শেষ সময়ে শুধুমাত্র বিশেষ-বিশেষ পয়েন্টগুলোকেই মনে রাখার আশা করা যেতে পারে!

উত্তেজক পদার্থ এড়িয়ে চলুন ঃ চা, কফি ইত্যাদির মত পানীয়কে এড়িয়ে চলা উচিত! যখন আপনার নার্ভাস সিস্টেম আগে থেকেই অধিকতম ক্ষমতায় কাজ করছে, তখন ওদের আরও বেশী উত্তেজিত করে তোলার জন্য চা বা কফি খাবার কোন প্রয়োজন নেই! অতিরিক্ত মাত্রায় ক্যাফিন আপনার শরীরের ওপরে প্রতিকূল প্রভাব ফেলতে পারে!

গুরুত্বপূর্ণ সংকেত ঃ ***চেক্ লিস্ট***

মনুষ্য শরীর মানুষের আত্মার প্রতিবিম্ব হয়!

– লুডউইং উইটগেংস্টিন

ভাগ - তিন

সবার জন্য !

80. বয়স

আমাদের বয়স বাড়ার সাথে-সাথে কি আমাদের নিজেদের কুশলতার অভাবকে মেনে নেওয়া উচিত ? এমন প্রশ্ন আমার কাছে প্রায়ই সেই সব ব্যক্তিরা করে থাকেন, যাঁরা নিজেদের 50-তম জন্মদিন পালন করে নিয়েছেন ! যুবারা নিজেদের মস্তিস্কের কোশিকার বিকাশের সম্বন্ধে খুব একটা চিন্তিত থাকেন না আর ওনারা এই তথ্যটাকে অনুভব করেন যে, ওনাদের স্মৃতিশক্তি আজ যেমনটা আছে, বরাবর তেমনটা থাকবে না !

মনে করতে পারাটা আংশিক রূপে শারীরীক এবং মানসিক প্রক্রিয়া আর এই ধরনের ডবল ব্যবস্থা সেই সব অসংখ্য বিবিধতার জন্য দায়ী থাকে, যার মধ্যে আমাদের স্মৃতি কাজ করে !

মনোবৈজ্ঞানিক অর্থে স্মৃতি সেই পথের ওপরে ভিত্তি করে থাকে, যেটা আমাদের মস্তিস্কের কোশিকাগুলোকে যুক্ত করে ! এই সব রাস্তার সংখ্যা আর দায়িত্ব এর কার্যশীলতাকে নির্ধারিত করে ! আমাদের বয়স যেমন-যেমন বেড়ে ওঠে, মস্তিস্কের কোশিকাগুলোও তেমন-তেমন দুর্বল হয়ে পড়ে... আর তারপর একটা সময় এমনও আসে, যখন শেখার প্রক্রিয়ার তুলনায় ভোলার প্রক্রিয়া বেশী দ্রুত কাজ করতে থাকে !

জীবনে এমন ধরনের পরিবর্তন অবশ্যই আসে, কিন্তু আমরা এমনটা ঘটতে দিতে বিলম্ব নিশ্চয়ই করাতে পারি ! এটা কোন সংযোগ নয় যে, অনেক ব্যক্তি অন্য ব্যক্তিদের তুলনায় নিজের মস্তিস্ককে বেশী কাজে লাগান ! ওনারা খুব বেশী বয়স হয়ে যাওয়া সত্ত্বেও নিজের স্মৃতিশক্তি আর উৎপাদন শক্তিকে বজায় রাখেন !

জর্জ বার্নার্ড শ', গোথে, টমাস এডিসন... এনাদের সম্বন্ধে একটু ভাবুন ! এমনটা চিন্তা করা যুক্তিসঙ্গত হবে না যে, নিজের মস্তিস্কের কোশিকাগুলোর সঠিক দেখাশোনা করার জন্য আমাদের ওদের দিয়ে কাজ করানো উচিত নয় ! অর্থাৎ ওদের বিশ্রাম করতে দেওয়া উচিত ! বরং, যুক্তিসঙ্গত হচ্ছে এটা যে, আপনি নিজের মস্তিস্ককে ঠিক সেইমত প্রশিক্ষিত করে তুলতে পারেন, ঠিক যেমনটা আপনি সাধারন

> *আপনার কাছে ভালো মস্তিস্ক থাকাটাই যথেস্ঠ নয়, সেটার ভালো প্রয়োগও হওয়া উচিত !*
>
> ***– রেনে ডেস্কার্ট***

পরীক্ষাগুলোয় নিজের আত্মসন্তুষ্টির জন্য একে প্রশিক্ষিত করেন! আপনি যখন এই বইতে উল্লেখিত অভ্যাসগুলো করবেন, তখন আপনি এটা দেখতে পাবেন যে, সেই প্রয়োগ – যা প্রথমবারের প্রচেস্টা দ্বারা করা হয়, সেটা সহজ হয়ে ওঠে আর যখন সেই জিনিষটার পুণরাবৃত্তি করা হয়, তখন কিছু সময় পরে এটা অনুভব করা হয় যে, এই প্রচেস্টা করার প্রয়োজনটা কি ছিল?

আমরা যদি এমনটা অনুভব করে নিই যে, মাংসপেশীর মতন স্মৃতিকেও উ ত করে তোলা যায়, তাহলে আমাদের এই তথ্যটাকে মেনে নিতেই হবে যে, মাংসপেশীর মতই এর কুশলতাও কম হয়ে আসতে পারে... যদি আমরা এটাকে ভালো ভাবে কাজে না লাগাই!

আমরা এটা জানি যে, কখনো-কখনো অসুস্হতার কারণে আমাদের কয়েক সপ্তাহ পর্যন্ত্য বিছানায় পড়ে থাকতে হয়! এমন কি হাঁটা-চলা করাটাও তখন আমাদের পক্ষে মুশ্কিল হয়ে ওঠে! আমাদের পায়ের মাংসপেশী হাঁটতে ভুলে যায় আর আমাদের নতুন করে হাঁটা শিখতে হয়... ঠিক যেমনটা একটা ছোট্ট বাচ্চা প্রথমবার হাঁটতে শেখে!

এতে অবাক হয়ে ওঠার মত কিছুই নেই! আমাদের স্মৃতির সঙ্গেও এমনটাই ঘটে! ও নিজের বিশ্বসনীয়তা সেই পরিস্হিতিতে হারিয়ে ফেলে, যখন আমরা ওর প্রয়োগ করি না! একজন প্রৌঢ় বয়সের ব্যক্তি সর্বদা নিজের স্মৃতির ওপরে বিশ্বাস করতে ভয় পান! এখনকার আধুনিক যুগে বিভি ধরনের বই, ক্যালেণ্ডার, এ্যাপয়েন্টমেন্ট ডায়রী, টেলিফোন ইণ্ডেক্স, মনে রাখার চিরকুট, ডেস্ক নোটস্ ইত্যাদি জিনিষ প্রচলিত আছে... এই সব কিছুই আমাদের স্মৃতির বোঝাকে হাল্কা করার জন্য হয় আর এজন্যই এগুলো ভুল পথে কাজ করে!

থোনডাইক নামক সুপ্রসিদ্ধ মনোবৈজ্ঞানিক স্মৃতি আর বয়সের সঙ্গে সম্পর্কিত বিভি পরীক্ষার পেছনে নিজের প্রচুর সময় লাগিয়েছিলেন! উনি এটা দেখতে পেয়েছিলেন যে, আমাদের জীবনের শেষ ভাগকে বাদ দিয়ে, আমাদের বেড়ে চলা বয়সের মধ্যে কম হওয়ার কোন স্বাভাবিক কারণ থাকে না! যদি সময়ের আগেই আমাদের স্মৃতিশক্তি কমে আসে, তাহলে তার জন্য আমাদের নিজেদেরকেই দায়ী বলে মেনে নেওয়া উচিত! আমাদের এটা স্বীকার করে নেওয়া উচিত যে, আমরা যখন নিজেদের স্কুল জীবনের শিক্ষা সম্পূর্ণ করে নিই... তখন আমরা কোন

আমাকে একটা লম্বা এবং উত্তোলক পর্যন্ত্য মজবুত খুঁটি দিন, আমি একাই গোটা বিশ্বকে নাড়িয়ে দেব!

– *আর্কিমিডিজ*

কিছু শেখার চিন্তা করি না! বাস্তবে শেখা বা মনে করাটা কোন কিছু পড়া নয়... যেটা কেবলমাত্র মেনে নেওয়ার মত ব্যাপার হয়!

প্রৌঢ় বয়সে, অভিনয় আর অভিনয়ের মত ব্যবসায়গুলোকে বাদ দিলে প্রকৃতপক্ষে শেখার জন্য না তো প্রেরণা থাকে, না থাকে কোন উৎসাহ! এর ফলে, উত্তম স্মৃতির টেক্‌নিক কমে আসে! এই জিনিষটা লাগাতার ব্যবহারের সঙ্গে সম্পর্কিত থাকে! তবুও এই জিনিষটা নির্ণায়ক রূপ ধারণ করবে না, যদি আমরা নিজেদের দৈনন্দিন, ব্যবসায়িক এবং সামাজিক জীবনের সমস্ত ছোট-ছোট জিনিষকে মনে করে মলিন না করে তুলি! এর আগেই বলা হয়েছে যে, আমরা স্মৃতির বোঝাকে ভয় পাই আর আমাদের ভেতরে অনেক ব্যক্তি এমনটা মনে করেন যে, নাম, ঠিকানা, ফোন নম্বর আর এ্যাপয়েন্টমেন্টকে মনে রাখাটা হচেছ সময় নষ্ট করা... এসব জিনিষকে খুব সহজেই নোট বুক বা ডায়রীতে লিখে রাখা যেতে পারে!

কিছু লোক রোজ পায়ে হেঁটে ঘুরে বেড়ান, যখন কি ওনাদের জন্য গাড়ী বা বাসে করে ঘোরাটা অনেক সহজ নয়! তবুও ওনারা পায়ে হেঁটে এজন্য ঘোরেন, কারণ পায়ে হাঁটাটা স্বাস্থ্যের পক্ষে ভালো হয়! ওনারা নিজেদের মাংসপেশীর শক্তিকে বাড়াতে চান, নয়তো কম পক্ষে ঠিক ততটাই ধরে রাখতে চান! অন্য দিকে, প্রতিটা ছোটখাটো জিনিষকে ডায়রী বা নোট বুকে লিখে ওনারা নিজেদের স্মৃতিশক্তিকে দুর্বল করে তোলেন! যদি ওনারা দীর্ঘ দিন পরে কোন ঘটনাকে মনে করার চেষ্টা করেন, তখন ওনারা সেটাকে মনে করতে পারেন না! পরিণামস্বরূপ, ওনারা তখন নিজের স্মৃতির ওপরে আরও বেশী করে অবিশ্বাস করতে শুরু করেন! শেষে, ওনারা নিজের স্মৃতিকে অসফল পেয়ে অস্হির হয়ে ওঠেন! ওনারা এটা অনুভব করতে পারেন না যে, এই পরিস্হিতির জন্য ওনারা নিজেরাই দায়ী! এই সব মনোবৈজ্ঞানিক কারণগুলো ছাড়া এই তথ্যকেও প্রকট করে তোলে যে, বেশী বয়সের ব্যক্তিরা প্রায়ই গত সপ্তাহ বা গত মাসে ঘটে যাওয়া গুরুত্বপূর্ণ ঘটনাগুলোকে ভুলে যান, কিন্তু 30-40 বছর আগের ঘটা ফালতু ঘটনাকে ওনারা ঠিকই স্মরণ করে নেন!

যাকে আমি ভালবাসি, তাকে আমি হাসাতে পারি!
– ডব্লিউ. এইচ. আডন

81. আগ্রহ... মনে রাখার চাবিকাঠি !

আমরা যদি সেই সব জিনিষগুলোর ব্যাপারে চিন্তা করতে বসি, যেগুলো আমরা স্কুলে পড়ার সময় শিখেছিলাম... তাহলে এটা চিন্তা করে দুঃখী হয়ে ওঠার কোন প্রয়োজন নেই যে, সেগুলোর মধ্যে কত কম জিনিষ এখন আমাদের মনে আছে ! আমরা বহু বছর ধরে অংক নিয়ে পড়াশোনা করলেও, একমাত্র গণিতজ্ঞ আর ইঞ্জিনিয়ার্সদের বাদ দিয়ে অন্য সবাই কেউ প্রশ্ন করলে সাধারণ অংকেরও উত্তর দিতে পারি না ! আপনি যদি এখনও স্কুলে যেতে থাকেন, তাহলে আপনি এই তথ্যটাকে নিজের ওপরে প্রয়োগ করতে পারেন না... বরং, নিজের মা-বাবাকে প্রশ্ন করে দেখুন যে, এই তথ্য ওনাদের ক্ষেত্রে কতটা প্রযোজ্য অথবা আপনি এমন কোন বিষয়ের ব্যাপারে চিন্তা করুন, যেটা আপনি বহু বছর আগে পড়েছেন, কিন্তুতারপর থেকে সেই জিনিষটার সঙ্গে আপনার আর কোন সম্পর্ক নেই !

কিন্তু এমনও অনেক বিষয় থাকে, যেগুলোকে আমরা একেবারে ঠিকঠাক মনে রাখি ! আমরা শুধু ঐ পাঠকেই মনে রাখি না, বরং সেটা কেমনভাবে পড়তে হয়েছিল, শিক্ষক / শিক্ষিকার কণ্ঠস্বর কেমন ছিল, ঐ বিষয়ের উদাহরণ কি-কি ছিল... এসবও মনে রাখি আর কখনো-কখনো তো আমাদের এটাও মনে থাকে যে, ঐ সময় আমাদের কোন্ সাথী শিক্ষক / শিক্ষিকার কোন্ প্রশ্নের উত্তরে কি বলেছিল ?

স্কুলের ব্যাপারে যা বলা হয়েছে, সেটা জীবনের অনান্য ক্ষেত্রে... যেমন, ব্যবসায়িক বা সামাজিক জীবনের ক্ষেত্রেও সঠিক প্রমাণিত হয় ! উদাহরণ হিসেবে, ছুটীর কোন বিশেষ দিন আমাদের সর্বদা মনে থাকে ! কিন্তু অন্য ছুটীর দিনগুলো কুয়াশার আড়ালে ঢাকা পড়ে যায় ! মিস্ টিনার সঙ্গে হওয়া কথোপকথন আমদের সর্বদা মনে থাকে, কিন্তু অন্যদের সঙ্গে হওয়া কোন গুরুত্বপর্ণ কথোপকথন, আমরা সম্পূর্ণ রূপে ভুলে যাই !

এমনটা কেন হয় ? এসবের পেছনে কোন-না-কোন কারণ নিশ্চয়ই হওয়া উচিত ? এটাতো সেই একই মস্তিস্ক, যা অভিজ্ঞতাকে প্রাপ্ত করছে... কিন্তু তবুও মনে করার ক্ষেত্রে কত তফাত এসে যায় !

এই প্রশ্নের একটাই উত্তর ! কিন্তু সেই উত্তরটা এত সহজ নয়, যতটা সহজ আমি বা আপনি আশা করি ! উত্তর অত্যন্ত জটিল ! কারণ একটার জায়গায় একাধিক হতে পারে ! কিছু কারণ তো সোজা দিকে কার্য্যরত থাকে, তো কিছু কারণ বিপরীত দিকে, আবার কিছু কারণের

মধ্যে তো পারস্পরিক কোন সম্পর্কই থাকে না!

এই জিনিষটার সূত্রপাত আমরা সেই জিনিষটা দিয়ে করব, যেটাকে আমরা মনে করতে চাই! গত বছর আমরা কয়েক বন্ধু একটা ঝিল দেখেছিলাম, যেটা পাহাড় আর গাছ দিয়ে ঘেরা ছিল... সেই দৃশ্যটা আমার এক বন্ধুর আজও সবিস্তারে মনে আছে... যখনকি আমার কিছু বন্ধু সেই ঝিলটার অস্তিত্বের ব্যাপারে সম্পূর্ণ রূপে ভুলে গেছে!

সুতরাং, বস্তুবিশেষকে দোষারোপ করাটা ঠিক হবে না! আমাদের মস্তিস্কে নিশ্চয়ই কোন বস্তুনিষ্ঠ কারণ হবে, হয়তো সেটা ঐ বস্তুর সঙ্গে সম্পর্কিত হবে! এটাকে আগ্রহ বলা যেতে পারে! আগ্রহ আমাদের কোন কিছু বস্তুবিশেষকে ভালো করে দেখার জন্য বাধ্য করে তোলে! আগ্রহ আমাদের এমনটা বাধ্য করে তোলে যে, আমরা অন্য আর সব বস্তুর ওপর থেকে মনোযোগ সরিয়ে এনে ঐ বিশেষ বস্তুটার ওপর নিজেদের মনোযোগ কেন্দ্রীভূত করি!

নিজের স্কুল-জীবনের দিনগুলোর কথা মনে করলে আপনি এমনটা অনুভব করবেন যে, ওখানে এমন কিছু-কিছু জিনিষ ছিল, যেগুলো আপনার আগ্রহকে অত্যন্ত বেশী আকৃষ্ট করে তুলেছিল আর যেগুলোকে আপনি এখনও পর্যন্ত্য মনে করে রেখেছেন! আবার ওখানে এমন অনেক কিছু ছিল, যেগুলো আপনাকে একদমই আকৃস্ট করেনি আর আপনি ওসবের ব্যাপারে পুরোপুরি ভুলে গেছেন!

স্কুলের বাইরের দৈনন্দিন জীবনেও এমনটাই ঘটে! কেউ যদি আপনার জীবন বা ব্যবসার ব্যাপারে কোন কিছু বলে, তো আপনি নিজের সব মনোযোগ সেই বিষয়টার প্রতি কেন্দ্রীভূত করে নেন! আপনার মনোযোগ সেই সময় অন্য কোন কিছুর প্রতি যায় না আর আপনার সমস্ত মনোযোগ সেই বিশেষ বিষয়টার দিকেই থাকে!

এটা জরুরী নয় যে, আপনি সেটাকে স্বীকার করে নেবেন বা আগামী বেশ কয়েক বছর ধরে মনে রাখবেন! এর ফলে, আমরা এই সিদ্ধান্তে আসতে পারি যে, স্মৃতি আর স্মৃতি প্রশিক্ষণের গুরুত্বপূর্ণ কারণগুলোর মধ্যে একটা গুরুত্বপূর্ণ কারণ হচ্ছে আগ্রহ সৃষ্টি করা!

এমন কোন বস্তু বা বিষয়ের প্রতি মনোযোগ কেন্দ্রীভূত করাটাও কঠিন হয়ে ওঠে, যে বস্তু বা বিষয়ের প্রতি আপনার কোন আগ্রহ নেই আর লোকেদের পক্ষে তো এটা অসম্ভবই হয়ে ওঠে!

আপনি যদি নিজের প্রতি সৎ হন, তাহলে আপনি নিজের এমন অনুভবের কথা নিশ্চয়ই স্বীকার করবেন যে, আপনি যখন এমন কিছু পড়েন, যে বিষয়টার প্রতি আপনার কোন আগ্রহ নেই, তখন আপনার চোখ দুটো তো অক্ষরের ওপরে থাকে, কিন্তু আপনার মস্তিস্ক সেই সময় অন্য কোথাও থাকে! যখন আপনার পড়া শেষ হবে, তখন

আপনার সেই বিষয়টার প্রতি একটা অস্পষ্ট ধারণা জন্মে উঠবে, বা এমনটাও হতে পারে যে, কোন ধারণাই জন্মাবে না!

এর তুলনায়, আপনি এমনটা কল্পনা করুন যে, আপনার ঘোড়দৌড়ের প্রতি আগ্রহ রয়েছে! আপনি যখন ঘোড়দৌড়ের মাঠে যান, তখন আপনি 7 নং ঘোড়ার ওপরে বেশ ভালো অংকের টাকা বাজী ধরেন আর দৌড় শুরু হবার পরে আপনার বাজী ধরা ঘোড়া অন্য ঘোড়াদের থেকে বেশ পেছনে পড়ে যায়! ও দ্রুত ছুটতে শুরু করে! একটা সময় এমন আসে, যখন ওর আগে মাত্র দুটো ঘোড়া থাকে... এই সময় ও আবার পিছিয়ে পড়তে লাগে! ও আবার একবার তিন আর চার নম্বর ঘোড়া দুটোকে পেছনে ফেলে দেয় আর ওদের থেকে এগিয়ে যায় আর একটা সময় ও বিজেতা ঘোষিত হয়! আপনি ভালোমতন টাকা পেয়ে যান আর এটা আপনার আর আপনার পরিবারের পক্ষে ভালো সময় হিসেবে প্রমাণিত হয়! আমার দৃঢ় বিশ্বাস যে, আপনি আমার সঙ্গে একমত হবেন যে, এমন ঘটনা লোকেরা নিজেদের জীবনে বহু বছর পর্যন্ত্য মনে রাখেন! এর পেছনে মুখ্য কারণ হল – মনোযোগ কেন্দ্রীভূত হওয়া এবং অবিভক্ত মনোযোগ! আপনি আর্থিক এবং অন্যান্য আগ্রহের কারণে ঘোড়দৌড়কে মনোযোগ সহকারে দেখছিলেন!

সুতরাং, আগে এগোবার আগে আপনি নিজের এই নিয়ম বানিয়ে নিন যে, যখন আপনার আগ্রহ কমে আসবে, তখনই আপনি এই বই পড়া বন্ধ করে দেবেন! আগের অধ্যায়গুলোকে ভালো করে বোঝার জন্য মনোযোগ কেন্দ্রীভূত হওয়াটা অত্যন্ত জরুরী আর একমাত্র অবিভক্ত মনোযোগ দ্বারাই সফলতা প্রাপ্তি করা সম্ভব! আপনি যদি এর মধ্যে কোন অভ্যাসে ব্যর্থ হয়ে ওঠেন, তাহলে পড়া চালিয়ে যাবার কোন অর্থই নেই! আপনার জন্য একটা প্রয়োগকে দু-তিনবার করে পুণরাবৃত্তি করা প্রয়োজন! কিন্তু আপনার কোন প্রয়োগকে বাদ দিয়ে এগিয়ে যাওয়াটা উচিত নয়... যতক্ষন না আপনি কোন অধ্যয়ের ওপরে অধিকার প্রাপ্ত করে নিচেছন!

আপনি যদি ধীরে-ধীরে আগে এগোন, তাহলে প্রতিটা প্রয়োগের প্রতিই আপনার ভেতরে আগ্রহের সৃষ্টি হবে! আপনি নিজের স্মৃতিশক্তির মধ্যের উ তিকে ঘোড়দৌড়ের থেকেও বেশী মনোযোগ কেন্দ্রীভূত করে পাবেন আর আপনি প্রতিটা অধ্যায়ের যথাসম্ভব বেশী লাভ ওঠাতেও পারবেন!

সফল হতে চাইলে ব্যর্থতার পরিমান দ্বিগুণ করে নিন!
– কোয়েন্টিন ক্রিস্প

82. ওষুধ আর স্মৃতি

আমরা আমাদের দৈনন্দিন জীবনে রোজ কাগজে, টি. ভি.-তে বিভি ট্যাবলেট, ক্যাপসুল আর শক্তিবর্ধক ওষুধের বিজ্ঞাপন দেখতে পাই, যেসব ওষুধ নির্মাতারা এটা দাবী করেন যে, এই সব ওষুধ আপনার স্মৃতিশক্তিকে উ ত করে তুলবে! আমার অনেক শিষ্য এই সব ওষুধের প্রভাব সম্পর্কে আমাকে প্রশ্ন করেছে! সেই সব প্রশ্নের মধ্যে বেশীর ভাগ প্রশ্নই এটা ছিল যে, এই সব ওষুধ কি কোন ভাবে আমাদের স্মৃতিশক্তিকে উ ত করে তুলতে সক্ষম? এই সব প্রশ্নের উত্তর এক শব্দে *হ্যোঁ'* হতে পারে! আমি এই সব ওষুধের প্রভাব সম্পর্কে একটা পরীক্ষা করে দেখেছি, যেটা আমি আপনাদের জানতে চাই!

আমি একই পেশার সঙ্গে জড়িত 23 থেকে 27 বছরের 10-জন ব্যক্তিকে বলেছিলাম–*'আমার কাছে এমন এক টনিক আছে, যেটা তিন মাস সেবন করলে আপনাদের স্মৃতিশক্তি দ্বিগুণ হয়ে উঠবে!'* পরীক্ষা শুরু করার আগে আমি ঐ 10-জন ব্যক্তির একটা স্মৃতি-পরীক্ষা নিয়েছিলাম!

আমি ঐ 10-জন ব্যক্তির মধ্যে 5-জনকে এক জনপ্রিয় ব্র্যাণ্ডের টনিক খেতে দিয়েছিলাম আর বাকী 5-জনকে কেবল রঙ্গীন জল খেতে দিয়েছিলাম! এই পরীক্ষাটা তিন মাস ধরে চলেছিল! তিন মাস পরে আবার একবার ওদের সবার স্মৃতি-পরীক্ষা নেওয়া হয়েছিল!

আন্দাজ লাগান তো যে, এই দ্বিতীয় স্মৃতি-পরীক্ষার ফলাফল কি হয়েছিল? ফলাফল এটাই হয়েছিল যে, আগের স্মৃতি-পরীক্ষায় প্রাপ্ত নম্বরের থেকে এবারের পরীক্ষায় ওনারা অনেক বেশী নম্বর প্রাপ্ত করেছিলেন! টনিক পান করা আর রঙ্গীন জল পান করা ব্যক্তিদের প্রাপ্ত গড়পড়তা নম্বর মোটামুটি একই রকমের ছিল!

আরও কিছুটা বিশ্লেষণ করার পরে আমি এই সিদ্ধান্তে এসে পৌঁছেছিলাম যে, স্মৃতিশক্তির এই ধরণের উ তি মনোবৈজ্ঞানিক কারণেই হয়েছিল! সকল দশ ব্যক্তিই নিজেদের মস্তিস্কে এই খবরটা পাঠিয়ে দিয়েছিলেন যে, ওনারা মস্তিস্কের জন্য একটু বেশী কিছু করছেন, ওনাদের মস্তিষ্ক দিন-দিন আরও উ ত হয়ে উঠেছে!

সুতরাং, মস্তিষ্ককে উ ত করে তোলার উপায়গুলোর মধ্যে একটা শক্তিশালী উপায় হল মস্তিস্কে এই খবর পৌঁছে দেওয়া–*'আমার মস্তিষ্ক এই পৃথিবীর যে কোন কম্‌প্যুটারের থেকেও উ ত আর এটা দিন-দিন আরও উ ত হয়ে উঠছে!'*

> *অভিজ্ঞতা হচেছ সেই ঘটনা, যাকে মানুষ নিজের জীবনে গ্রহণ করে নেয়!*
>
> **– এ্যান্ডাস হাক্সলে**

83. মনে করার প্রেরণা

যে কোন কাজে আগ্রহ জমানোটা আমাদের স্মৃতির পক্ষে অত্যন্ত গুরুত্বপূর্ণ জিনিষ! কিন্তু প্রাপ্ত করার সাধানটাও কম গুরুত্বপূর্ণ নয়! আমাদের চোখকেন্দ্রিক, কানকেন্দ্রিক এবং মাংসপেশীকেন্দ্রিক ব্যক্তিদের মধ্যে তফাতটাকে ভালো করে বুঝতে হবে!

চোখকেন্দ্রিক ব্যক্তি আমরা তাঁদের বলব, যাঁরা চোখে দেখা কোন জিনিষকে ভালো করে মনে রাখেন!

কানকেন্দ্রিক ব্যক্তি আমরা তাঁদের বলব, যাঁরা কানের মাধ্যমে শুনে যে কোন জিনিষকে সব থেকে ভালো ভাবে মনে রাখতে পারেন!

মাংসপেশীর নড়াচড়াকেন্দ্রিক ব্যক্তি আমরা তাঁদের বলব, যাঁরা কোন একটা বিশেষ কাজ নিজে করে সব থেকে ভালো ভাবে শেখেন – যেমন, লিখে, কোন বাদ্যযন্ত্র বাজিয়ে বা শরীরের ওপরে কোন কিছু একটা করে – যেমন, পিন ফুটিয়ে বা কোন বিষাক্ত কীটাণুকে দিয়ে নিজেকে দংশন করিয়ে!

এটা অত্যন্ত স্পস্ট যে, চোখকেন্দ্রিক ব্যক্তি সব থেকে ভালো লাভ প্রাপ্ত করতে পারেন... কারণ উনি বইতে ছাপা শব্দগুলোকে পড়তে পারেন আর ওনার স্মৃতি ছাপা শব্দ, বাক্য আর প্যারাগ্রাফগুলোকে ধারণ করতে পারে!

উনি যদি সিনেমা যান, তাহলে উনি পর্দায় ঘটতে থাকা কাজগুলো আর ঘটনাগুলোকে দেখে সেগুলোকে মনে রাখতে পারেন! যখনকি মুখে বলা সংলাপগুলো ওনার কাছে হাল্কা হয়ে শেষ হয়ে পড়ে!

ওনার তুলনায় কোন কানকেন্দ্রিক ব্যক্তি বইয়ের থেকে মুখে বলা ব্যাখ্যা শুনে বেশী লাভ ওঠান! কারণ, ওনার স্মৃতি কানে শোনা প্রতিটা শব্দকে ধারণ করে! উনি কোন কথোপকথনের ঠিক সেই ভাবে মৌখিক রূপে পুণরাবৃত্তি করতে পারেন... কিন্তু ওনাকে যদি কথোপকথন করতে থাকা ব্যক্তির চেহারার বর্ণনা দিতে বলা হয়, তাহলে উনি মুশ্কিলে পড়ে যান! উনি যদি কোন ফিল্ম দেখতে যান, তাহলে সংলাপ আর মিউজিকের ধ্বনি উনি দীর্ঘ দিন মনে রাখতে পারবেন, কিন্তু ক্রিয়া-কলাপগুলোকে উনি শীঘ্রই ভুলে যাবেন!

মাংসপেশীকেন্দ্রিক হওয়ার অর্থ হচেছ ইন্দ্রিয় দ্বারা স্পর্শ করা, শোঁকা আর স্বাদ গ্রহণ করার মাধ্যমে স্মৃতিশক্তিকে জাগিয়ে রাখা! এই সব ব্যক্তিরা আমাদের মধ্যে অধিকাংশ ব্যক্তির তুলনায় দেখা আর

যে ব্যক্তি প্রশ্ন করতে পারে না, সে বেঁচে থাকতে পারে না!
– প্রাচীন প্রবাদ

শোনার ক্ষেত্রে অনেকটাই পিছিয়ে থাকেন! যদিও, এমন ব্যক্তিদের মধ্যে কিছু-কিছু ব্যক্তি ব্যতিক্রমও হন! একজন অন্ধ ব্যক্তি, দৃষ্টিশক্তি থেকে বঞ্চিত হয়ে পড়ার পরে নিজের অন্য ইন্দ্রিয়গুলোকে এক উল্লেখযোগ্য সীমা পর্যন্ত্য বিকশিত করে তোলেন! এটা এক অত্যন্ত গুরুত্বপূর্ণ তথ্য... কারণ এই তথ্য জটিল পরীক্ষা ছাড়াই এটা জানায় যে, প্রতিটি ইন্দ্রিয়ের উ তি করা সম্ভব আর সেটাকে প্রমাণিতও করা যেতে পারে!

এটা ঠিক যে, কোন ব্যক্তিই শতকরা একশো ভাগ চোখকেন্দ্রিক বা কানকেন্দ্রিক বা মাংসপেশীকেন্দ্রিক হন না! প্রায়শঃই এমন গুণ সব ব্যক্তিদের ভেতরেই দেখতে পাওয়া যায়! কিন্তু প্রশ্ন হল এটা যে, একজন ব্যক্তির মধ্যে এর মধ্যে কোন্ গুণটা বেশী মাত্রায় রয়েছে? আমরা এটা জানি যে, 60 থেকে 80 শতাংশ ব্যক্তি চোখকেন্দ্রিক হন আর বাকীরা বাকী দুটো শ্রেণীর মধ্যে পড়েন!

যেসব ব্যক্তি কানকেন্দ্রিক হন, তাঁরা সঙ্গীতের প্রতি বেশী আগ্রহী হন, বিশেষ করে সেই সব ব্যক্তি, যাঁরা শোনা কোন রচনাকে হুবহু পুণরাবৃত্তি করতে পারেন!

একটা রোচক তথ্য হল এটা যে, পশুদের মধ্যেও এই তিনটে শ্রেণী দেখতে পাওয়া যায়! উদাহরণ হিসেবে, চিলের মস্তিষ্ক পুরোপুরি ওর দুটো চোখের ওপর নির্ভরশীল হয়, যেটা অনেক উঁচু থেকেও নিজের শিকারকে দেখে নেয়! হরিণের মস্তিষ্ক পুরোপুরি ওর দুটো কানের ওপর নির্ভরশীল হয়, যেটা কোথাও কোন বিন্দুমাত্র শব্দ হলেও শুনে নেয়... অন্য দিকে কুকুরের শোঁকার ইন্দ্রিয় অত্যন্ত বেশী মাত্রায় বিকশিত হয়, যেটা ওদের দেখার আর শোনার শক্তির থেকেও অনেক বেশী হয়!

যদিও, আমাদের কোন কিছু শেখা আর মনে করার পদ্ধতি অনেকটাই আমাদের শ্রেণীর ওপরে নির্ভর করে, তবুও এটা অত্যন্ত আশ্চর্য্যের কথা যে, আমাদের মধ্যে অনেক কম লোকই এটা জানেন যে, উনি ঠিক কোন্ শ্রেণীতে পড়েন? এটা পুরোপুরি প্রাকৃতিক ব্যাপার যে, একজন পূর্ণ রূপে চোখকেন্দ্রিক ব্যক্তি কোন কিছু দেখে শেখার চেস্টা করেন আর একজন পূর্ণ রূপে কানকেন্দ্রিক বিদ্যার্থী বেশী-থেকে-বেশী ব্যাখ্যা শুনে বা ক্লাশে অধ্যাপক-অধ্যাপিকার লেকচার শুনে শেখার চেস্টা করে! এর আগেই জানানো হয়েছে যে, এই পৃথিবীর কোন ব্যক্তিই শতকরা 100 ভাগ চোখ বা কানকেন্দ্রিক হন না! সুতরাং যে বিদ্যার্থী বই দেখে লেখে আর সেটাকে জোরে-জোরে পড়ে, তার অত্যন্ত বেশী লাভ হয়! ও যদি এমনটা করে, তাহলে ওর কান ওর চোখকে সহায়তা করার জন্য এগিয়ে আসে আর ওর মস্তিষ্ক পর্যন্ত্য তথ্য পৌঁছে দেবার জন্য দুটো পথ খুলে যায়!

কোন মাংসপেশীকেন্দ্রিক ব্যক্তি সেই সময় সর্বোত্তম হয়ে ওঠেন, যখন উনি বেশী করে লিখতে পারেন! যদি উনি মাংসপেশীকেন্দ্রিক ব্যক্তি হন, তাহলে উনি নিজের বইগুলো থেকে নকল করতে পারেন

আর যদি উনি কান বা মাংসপেশীকেন্দ্রিক ব্যক্তি হন, তাহলে ওনার কোন ভাষণ শোনার সময় নোটস্ নেওয়া উচিত! যাই হোক্, কোন ব্যক্তির পক্ষে এটা জানা লাভজনক হয়ে ওঠে যে, উনি ঠিক কোন্ শ্রেণীর ব্যক্তি আর ওনার সেই অনুযায়ী শেখা আর মনে রাখার প্রক্রিয়াকে সঞ্চালিত করা উচিত!

এর আগেই জানানো হয়েছে যে, গ্রহণ করার ক্ষেত্রে এমন ব্যক্তি খুব কমই আছেন, যাঁরা নিজেদের শ্রেণী জানেন! একজন সঙ্গীতপ্রেমীকে যদি প্রশ্ন করা হয় যে, উনি রচনাকে কি ভাবে মনে রাখেন, তো বেশীর ভাগ ক্ষেত্রেই উত্তর হবে–*'আমি জানি না!'* কিন্তু যদি আপনি জোরাজুরি করেন যে, ওনার মস্তিষ্কে সেই মুহূর্তে কি ঘুরে বেড়ায়, যখন উনি কোন বাদ্যযন্ত্র বাজান... তাহলে আপনি বিভি রকম উত্তর শুনতে পারেন!

একজন পিয়ানোবাদক বলবেন যে, পিয়ানো বাজাবার সময় উনি নিজের মানসিক দৃষ্টিতে নোটস্ দেখেন বা তার কল্পনা করেন! উনি হচ্ছেন চোখকেন্দ্রিক ব্যক্তি আর উনি সহজেই আপনাকে এটা বলতে পারবেন যে, কখন পৃষ্ঠা ওল্টাতে হবে! ওনার তুলনায় কোন কানকেন্দ্রিক সঙ্গীতজ্ঞ নিজের কানের ওপরে নির্ভর করে চলেন আর সম্ভবতঃ উনি কখনো নোটস্ দেখেন নি, কারণ উনি সঙ্গীতের নোটেশন রাখেন না! মাংসপেশীকেন্দ্রিক কোন সঙ্গীতজ্ঞ সেই রচনাকে বাজাতে পারবেন, পিয়ানো বন্ধ থাকলেও! উনি সুরের ওপরে নির্ভরশীল হন না... ওনার মনে রাখার পদ্ধতি হচ্ছে ওনার হাতের সঞ্চালন! সেই পিয়ানোবাদকের যান্ত্রিক অংশ কাজ করে!

প্রায়ই এমন প্রশ্ন ওঠে যে, আমরা কি করে নিজেদের শ্রেণী জানতে পারব? শ্রেণী জানার দুটো উপায় আছে, যেটা আমি আপনাদের বোঝাতে পারি! সেই দুটো উপায়ের ভেতরে একটা উপায় তখন ভালো ভাবে কাজ করে, যখন আপনি নিজের শ্রেণী পরীক্ষা করতে চান! দ্বিতীয় পদ্ধতি সেই সময় ভালো কাজ করে, যখন আপনি অন্য কারো, ধরুন নিজের কোন বন্ধুর শ্রেণী পরীক্ষা করতে চান!

যদি আপনি নিজের শ্রেণী পরীক্ষা করতে চান, তাহলে সমান দৈর্ঘ্যের দুটো প্যারাগ্রাফ বেছে নিন – প্রতিটা প্যারাগ্রাফ যেন আধা পৃষ্ঠার হয়! প্রথম প্যারাগ্রাফকে চুপচাপ পড়ুন! এটা মাথায় রাখবেন যে, ঐ প্যারাগ্রাফটা পড়তে আপনার কতটা সময় লাগে! তারপর একটা কাগজে সেগুলো লিখুন, যেগুলো আপনার মনে আছে!

এমনটা করার পরে অন্য কোন ব্যক্তিকে আপনাকে দ্বিতীয় প্যারাগ্রাফটা পড়ে শোনাতে বলুন! দ্বিতীয় প্যারাগ্রাফটা পড়তে ওনারও ঠিক ততটা সময় লাগা উচিত, যতটা সময় আপনার লেগেছিল প্রথম প্যারাগ্রাফটা পড়তে! আপনার বন্ধু যখন দ্বিতীয় প্যারাগ্রাফটা পড়ে নেবেন, তখন যা-যা আপনার মনে রয়ে গেছে, সেগুলো একটা কাগজে লিখুন!

তারপর সেই দুটো কাগজের মধ্যে তুলনা করুন আর এটা দেখুন যে, আপনার নিজে পড়া প্যারাগ্রাফের বেশীর ভাগ অংশ আপনি মনে রাখতে পেরেছেন, নাকি দ্বিতীয় কোন ব্যক্তি দ্বারা পড়ে শোনানো প্যারাগ্রাফের বেশীর ভাগ অংশ আপনি মনে রাখতে পেরেছেন!

এই পরীক্ষাটা মোটামুটি তিন বার করা উচিত! প্রতি বার পরীক্ষার সময় প্যারাগ্রাফের দৈর্ঘ্যের পরিবর্তন হওয়া উচিত! প্রথমবার পরীক্ষা করার সময় যদি আপনি আধা পাতা কোন প্যারাগ্রাফ নিয়ে থাকেন, তাহলে দ্বিতীয়বার পরীক্ষার সময় পুরো পৃষ্ঠা নিন এবং তৃতীয়বারে দু পৃষ্ঠা নিন! মনে রাখবেন, প্রতি বার পড়া আর শোনার সামগ্রী দুটো যেন সমান দৈর্ঘ্যের হয়!

এর পরিণাম আপনার পক্ষে সহজ হবে! আপনি যদি নিজে পড়া প্যারাগ্রাফের বেশীর ভাগ অংশ মনে রাখতে পারেন, তাহলে তার অর্থ হল এটা যে, আপনি চোখকেন্দ্রিক ব্যক্তি আর এর ঠিক উল্টোটা... যদি আপনি শোনা প্যারাগ্রাফের বেশীর ভাগ অংশ মনে রাখতে পারেন, তাহলে তার অর্থ হল এটা যে, আপনি কানকেন্দ্রিক ব্যক্তি! যদি আপনি এটা পরীক্ষা করে দেখতে চান যে, আপনি মাংসপেশীকেন্দ্রিক ব্যক্তি কি না, তাহলে অন্য একটা পরীক্ষার জন্য প্যারাগ্রাফের নকল করুন!

তুলনাত্মক পদ্ধতিতে কোন ব্যক্তির অধ্যয়ণ করা আরও সহজ হয়! বিশেষ করে সেই সময়, যখন সেই ব্যক্তি পরীক্ষার উদ্দেশ্যই জানেন না! আপনাকে দশটা শব্দের একটা সূচী দেওয়া হবে, যেটা আপনি পড়ে শোনাতে পারেন! সেই ব্যক্তিকে বলুন যে, উনি একটা কাগজে প্রথমে সেই শব্দটাকে লিখুন, যেটা ওনার মস্তিস্কে প্রথমে আসে, আপনার বলা একটা শব্দ শোনার পরে! এখানে দশটি শব্দ হল –

wall, cake, book, noise, tile, river, letter, bind, flag এবং hat! এবার সেই শব্দগুলোকে দেখুন, যেগুলো আপনার প্রতিযোগী লিখেছেন! সাধারণতঃ দু রকম সম্ভাবনা থাকে!

(a) উনি হয়তো এই শব্দগুলো লিখেছেন ঃ-

1. Picture, paper, ceiling.
2. Flour, sugar, icing.
3. Page, illustration, test.
4. Propeller, music, screw.
5. Paper, drawer, box.
6. Water, book, fishing.
7. Envelope, stamp, typewriter.
8. Feather, wings, egg.
9. Cloth, most, signal.
10. Ribbon, straw, felt.

অথবা

(b) উনি হয়তো এই শব্দগুলো লিখেছেন ঃ-

1. Hall, ball, value, valt.
2. Make, bake, bag.
3. Look, book, bug.
4. Poise, choice, moist.
5. Pile, mile, time, fire.
6. Liver, ringer.
7. Letter, ladder, ledger, lecture.
8. Flirt, hurt, birth.
9. Bag, drag.
10. Bat, chat, flat.

এই সব শব্দগুলো হচ্ছে উদাহরণ মাত্র আর আপনার প্রতিযোগী দ্বারা লেখা শব্দগুলোর বিবিধতা অসীমিত হতে পারে!

কিন্তু ওনার প্রত্যুত্তর যেমনই হোক্ না কেন, ওনার উত্তরগুলো নিরীক্ষণ করলেই এটা জানতে পারা যাবে যে, বেশীর ভাগ শব্দ প্রথম সূচীর, না কি দ্বিতীয় সূচীর ?

আপনি এমনটা দেখতে পাবেন যে, প্রথম সূচীতে আমার দ্বারা দেওয়া শব্দগুলো হচ্ছে এমন, যেটা কোন কল্পনাশীল ব্যক্তি দেখতে পারেন – যেমন, wall, cake, book ইত্যাদি! দ্বিতীয় সূচীতে এমন শব্দ দেওয়া হয়েছে, যেগুলো সেই সব শব্দের ধ্বনির সমান, যেগুলো আপনি ওনাকে বলেছিলেন! সুতরাং, যদি আপনি নিজের প্রতিযোগীর কাগজ পরীক্ষা করেন, তাহলে আপনার উচিত ওনার দ্বারা লেখা আর আপনার বলা শব্দগুলোার মধ্যে তুলনা করা! আপনি এটা দেখতে পাবেন যে, বেশীর ভাগ শব্দ প্রথম সূচীর হলে আপনার প্রতিযোগী পূর্ণ রূপে চোখকেন্দ্রিক ব্যক্তি! এই দুটি সূচীর শব্দগুলোকে চেক্ করে আপনি ওনার কানকেন্দ্রিকতা আর চোখকেন্দ্রিকতার আনুমানিক গড়পড়তাও পরীক্ষা করে দেখতে পারেন!

আপনি এটাও দেখতে পারেন যে, আপনার প্রতিযোগীর পরীক্ষার পেছনের উদ্দেশ্যটা আগে থেকে না জানাটা কেন লাভজনক ? উনি যদি আগে থেকেই পরীক্ষার উদ্দেশ্যটা জেনে যেতেন, তাহলে উনি শব্দের সূচীর প্রতি জাগরুক হয়ে উঠতেন! উনি সেই জিনিষটা মাথায় রাখতেন যে, উনি চোখে দেখার শব্দ বেশী করে লিখছেন, না কানে শোনার শব্দ বেশী করে লিখছেন! আর এই জিনিষটা পরীক্ষার উদ্দেশ্যের পক্ষে ক্ষতিকারক হয়ে উঠত!

84. ইন্দ্রিয়ের প্রয়োগ

ডঃ ব্রুনো ফ্রোস্টের মত অনুযায়ী সাধারণতঃ আমাদের মনে থাকে ঃ-

- 25%, যা আমরা পড়ি !
- 35%, যা আমরা শুনি !
- 50%, যা আমরা দেখি !
- 60%, যা আমরা বলি !
- 75%, যা আমরা করি !
- 95%, যা আমরা পড়ি, শুনি, দেখি, বলি এবং করি ! সুতরাং, এই সব ইন্দ্রিয়গুলোর ভালো ভাবে উপযোগ করা উচিত !

নিজের ইন্দ্রিয়গুলোর ভালো ব্যবহার করতে থাকা ব্যক্তিদের মধ্যে রাশিয়ান সাংবাদিক ***সোলোমনের*** নাম বিশেষ রূপে উল্লেখনীয় ! ওনার স্মৃতিশক্তি এত তীব্র ছিল যে, যদি ওনাকে 15 বছর আগের কোন এক বিশেষ দিনের ব্যাপারে প্রশ্ন করা হত, তাহলে উনি কয়েকটা মুহূর্ত চুপ করে থেকে সেই দিনটার ঘটনার বিবরণ হু-ব-হু দিয়ে দিতেন ! এমন কি ঐদিন উপস্থিত ব্যক্তিদের মধ্যে কে কোন্ রং-য়ের পোশাক পরেছিলেন এবং ঐ বিশেষ সময়ে ওখানে কারা-কারা মজুত ছিলেন... সেটাও ***সোলোমন*** হু-ব-হু বলে দিতে পারতেন !

এর পেছনের রহস্য এটা ছিল যে, উনি অদ্ভূত মানসিক চিত্রণ এবং অবিশ্বাস্য বৌদ্ধিক ক্ষমতার অধিকারী ছিলেন !

সোলোমন যখনই কোন তথ্য পেতেন, উনি তৎক্ষনাত সেটাকে অত্যন্ত নিয়মপূর্বক নিজের মস্তিস্কে *স্টোর'* করে নিতেন ! এর ফলে, প্রয়োজনের সময় ওনার সেই তথ্য খুব সহজেই মনে পড়ে যেত ! যতটা প্রভাবশালী ভাবে জ্ঞানেন্দ্রিয়গুলোর প্রয়োগ করা হবে, ততটাই ভালো ভাবে মনে করা, শেখা এবং ধারণ করা সম্ভবপর হয়ে উঠবে ! এজন্য মানসিক চিত্রণকে ধ্বনি এবং অনুভবের সঙ্গে যুক্ত করে তুলুন... আর যদি সম্ভব হয় তো, গন্ধ এবং আগ্রহের সঙ্গেও সম্পর্ক তৈরী করুন ! যত বেশী তথ্য সম্পর্কিত হবে, তত বেশী সহজ হয়ে উঠবে সেগুলোকে সূত্র দ্বারা মনে করা ! ***সোলোমন*** এই প্রক্রিয়ার সব থেকে প্রকৃষ্ট উদাহরণ !

গুরুত্বপূর্ণ সংকেত ঃ	***দেখুন, শুঁকুন, অনুভব করুন, স্পর্শ করুন !***

85. শুঁকলেও জিনিষ মনে পড়ে যায়!

বিভি ধরনের স্মৃতি বজায় রাখার জন্য নিজের স্মৃতিকে গন্ধের সঙ্গে যুক্ত করে তুলুন! এর দ্বারা আপনার খোঁজার, চিন্তা করার, বোঝার, চেনার শক্তি উ ত হয়ে উঠবে!

আতর বা গন্ধকে নিজের স্মৃতি-রক্ষক হিসেবে মনে করুন! আপনি যদি কোন বিশেষ বস্তুর সঙ্গে সম্পর্ক তৈরী করে অনুভব করেন... তাহলে আপনার মস্তিস্ক সেই বিশেষ বস্তুর সঙ্গে সম্পর্কিত তথ্যগুলোকে বরাবরের জন্য ধারণ করে নেবে! কারণ মস্তিস্কের এই ক্ষমতাটা অভূতপূর্ব হয়!

গন্ধ হচেছ এক সব থেকে গুরুত্বপূর্ণ এবং জরুরী ইন্দ্রিয়-গুণ, যাকে মস্তিস্ক তৎক্ষনাত গ্রহণ করে নেয়! কিছু নির্দিষ্ট মস্তিস্ক সম্বন্ধীয় কোশিকা নাকের মাধ্যমে প্রত্যক্ষ রূপে যুক্ত থাকে, যা আমাদের তাড়াতাড়ি চিনতে বা মনে করতে সহায়তা করে! অন্য ইন্দ্রিয়গুলো, যাদের সম্পর্ক মস্তিস্কের সঙ্গে প্রত্যক্ষ ভাবে থাকে না, তাদের মস্তিস্কের সঙ্গে সম্পর্ক বিভি চ্যানেলের মাধ্যম দিয়ে হয়! অন্য দিকে, গন্ধ মস্তিস্কের সঙ্গে সরাসরি ভাবে যুক্ত হয়ে থাকে! ঠিক যেমনটা আমেরিকার রাষ্ট্রপতির অফিসে রাখা লাল রং-য়ের টেলিফোনটা সরাসরি মস্কোর সঙ্গে যুক্ত থাকে!

আপনি নিজের জীবনে ঘটা ঘটনাগুলোকে সুগন্ধের সঙ্গে যুক্ত করতে পারেন! উদাহরণ হিসেবে, প্রতি বছর বড়দিন উপলক্ষ্যে যে কেক তৈরী করা হয়, যতটা উৎসাহ সেই সময় আপনি দেখিয়েছিলেন, ঠিক ততটাই উৎসাহ প্রতি বছর কেক তৈরীর করার সময় দেখান! বন্ধুকে ফোন করতে যাবার আগে কমলালেবুর খোসা ছাড়ান! আপনি যখনই কোন ক্রসওয়ার্ড পাজল খেলেন, তখন ভ্যানিলা সুগন্ধের ধুপবাতি জ্বালান!

নিজের অভিজ্ঞতাকে সুগন্ধ বা গন্ধের সঙ্গে যুক্ত করুন এবং মস্তিস্ককে বেশী সময়ের জন্য তথ্য ধারণ করে রাখতে সহায়তা করুন!

গুরুত্বপূর্ণ সংকেত ঃ সুগন্ধ স্মৃতি

গুজব হচেছ সেটা, যা অন্যের ব্যাপারে কিছু বলে আর ক্লান্তিকর হচেছ সেটা, যেটা আমাদের নিজেদের ব্যাপারে বলে!

– লিসা কির্ক

86. সংখ্যাকে কি করে মনে করবেন ?

আপনি কি টেলিফোন নম্বরগুলোকে বরাবরের জন্য কণ্ঠস্থ করতে চান ? এই জিনিষটা ঠিক ততটাই সহজ, যতটা সহজ কারো বিয়ের তারিখ বা জন্মদিন মনে রাখা ! আপনি লম্বা-লম্বা নম্বরের সিরিজকেও তাড়াতাড়ি মনে করতে পারেন ! যদি আপনি কোন তিন অংকের সংখ্যাকে মনে করতে চান, উদাহরণ হিসেবে, 235... তাহলে ঐ সংখ্যাটাকে সময়সূচক সংখ্যায় পরিবর্তিত করে দিন ! তাহলে 235 হয়ে দাঁড়াবে 2:35 p.m ! তারপর এটাকে আরও শক্তপোক্ত বানাবার জন্য বা বরাবরের জন্য কণ্ঠস্থ করে রাখার জন্য এই সংখ্যাটাকে কোন ঘটনার সঙ্গে যুক্ত করুন ! যেমন ধরুন, সেই সময় আপনি কফির কাপে চুমুক মারছেন বা টি. ভি.-তে টক শো দেখছেন !

সুবিধার জন্য আপনি লম্বা সংখ্যাকে ছোট-ছোট সংখ্যায় ভাগ করে নিন, যাতে আপনি আরও ভালো ভাবে মনে রাখতে পারেন ! যেমন – 402111 হয়ে দাঁড়াবে 40, 21, 11! এই সংখ্যা আপনার বয়সও হতে পারে, মদ্যপান করার আইনতঃ বয়সও হতে পারে বা আপনার লাকী নম্বরও হতে পারে ! আপনি এই সব সংখ্যাগুলোকে কোন শব্দেও অনুবাদ করতে পারেন ! উদাহরণ হিসেবে – 56, 425, 377 হয়ে পড়বে Knickers!

গুরুত্বপূর্ণ সংকেত :	নম্বর এসোসিয়েশন

কোন ভালো হৃদয়ে সবার জন্য স্থান থাকে !
– এ্যান্টোনিও পোর্সিয়া

87. অংশগুলোকে এক সঙ্গে জুড়ে শিখুন !

ভালো ভাবে প্রস্তুত প্রথম অক্ষরসমূহ (Acronym) শপিং লিস্টের ভেতর থেকে অত্যন্ত গুরুত্বপূর্ণ আইটেমগুলোর নাম মনে করতে সহায়তা করে! প্রতিটা বস্তুর নামের প্রথম অক্ষর, যেসব বস্তুর নাম আপনি মনে রাখতে চান, তাদের অক্ষরগুলো এক সঙ্গে জুড়ে শব্দ বানান! আপনি যদি hamburger, tomato, onion, ketchup, olive oil, cabbage এবং radish কিনতে চান, তাহলে আপনার কাছে অক্ষর হল – H, T, O, K, O, C এবং R! এবার এগুলোকে ঠিকমত সাজিয়ে শব্দ বানান – HOTROCK এবং সেটাকে মনে রাখুন! এই ভাবে আপনি আরেকটা শব্দ PEC বানাতে পারেন, যার অর্থ হল power, electricity এবং cable! আপনি Fire শব্দটাও মনে রাখতে পারেন, যার অর্থ হল filing, invoicing, reading এবং e-mail!

যদি আপনার কাছে শব্দ বানাবার মত পুরো অক্ষর না থাকে, তাহলে আপনি কাছাকাছি কোন শব্দ ভাবুন! LIMPS হচ্ছে এক LMPZ-য়ের এক ভালো পরিবর্ত! এটা কোন শব্দ তৈরী না হওয়ার থেকে ভালো!

গুরুত্বপূর্ণ সংকেত ঃ স্মৃতি সহায়ক পদ্ধতি

> *একজন বন্ধু সেই কথাটা বলতে পারে, যে কথা আপনি নিজের সম্বন্ধে বলতে চান না!*
>
> – ফ্রান্সিস ওয়ার্ড ওয়েলার

৪৪. ব্যক্তিদের নাম কি করে মনে রাখবেন ?

আমি জানি যে, আপনি ডানলপে কাজ করেন! আপনি মানিকতলা অঞ্চলে সুকিয়া স্ট্রীটে থাকেন এবং আজ থেকে দু মাস আগে আমরা এ্যাকাডেমী অফ্ ফাইন আর্টসে মিলিত হয়েছিলাম... কিন্তু মাফ করবেন – আমি আপনার নামটা ঠিক মনে করতে পারছি না!

আপনার সঙ্গেও কি এমনটা কখনো ঘটেছে ?

এটা জরুরী নয় যে, আপনার প্রতিটা ব্যক্তির নাম মনে থাকবে! কিন্তু এটা সব সময়ই লাভজনক হয় যে, এর পরের বার যখন কোন পরিচিত ব্যক্তির সঙ্গে আপনার দেখা হবে, তখন আপনি ওনাকে ওনার নাম দ্বারাই সম্বোধন করবেন! কারণ সবাই এটাই চায় যে, যখন ওর সঙ্গে কোন পরিচিত ব্যক্তির দেখা হবে, তখন ওর কানে ওর নিজের নামটা ও শুনতে পাবে!

আমি নাম কি করে মনে রাখি ?

যখন কারো সঙ্গে আমি মিলিত হই বা কারো নাম শুনি – ধরে নিন সেই নামটা হল কার্তিক – তখন আমি তৎক্ষনাত নিম্নলিখিত মানসিক প্রক্রিয়ার ভেতর দিয়ে যেতে শুরু করি ঃ-

প্রক্রিয়া 1 ঃ আমি সেই নামটার সঙ্গে মিল খাওয়া এমন কোন নাম মনে করার চেস্টা করি, যে নামটা আমি আগে থেকেই জানি! যেমন – মা দুর্গার ছেলে কার্তিক বা আমার অভি হৃহয় বন্ধু কার্তিক দে!

প্রক্রিয়া 2 ঃ আমি এই সব পরিচিত নামগুলোর সঙ্গে নতুন নামের ব্যক্তির একটা সম্পর্ক গড়ে তোলার চেস্টা করি! আমি মানসিক চিত্রণ করি যে, দুজনে পাশাপাশি দাঁড়িয়ে আছে, কোন পার্টিতে এক সঙ্গে খাবার খাচেছ বা অন্য কোন কাজ এক সঙ্গে করছে! এই সব প্রক্রিয়া 2-3 সেকেণ্ডের বেশী স্হায়ী হয় না! এবার আমি নাম এবং সেই

> *জেতা অনেক সময় হারার থেকেও খারাপ হয়!*
>
> ***– উইলি হোলিডে***

ব্যক্তিকে স্মৃতির নিম্নলিখিত তিনটে মূল সিদ্ধান্তের প্রয়োগ করে মনে করতে পারি।

1. সম্পর্ক তৈরী করা।
2. বিশেষ পদ্ধতিতে কাজ করা।
3. মানসিক চিত্রণ।

এই তিনটে সিদ্ধান্তকে প্রয়োগ করে ঃ

1. নামটা স্পস্ট ভাবে শুনুন।
2. পরিচয় হবার পরে তৎক্ষনাত ওনার নামটা মনে-মনে আওড়ান।
3. ওনার নামটা মনে-মনে বেশ কয়েকবার আওড়ান।
4. এটা দেখার চেস্টা করুন যে, ওনার নামের অর্থ কি ?
5. মুখের সঙ্গে নামটাকে যুক্ত করুন।

গুরুত্বপূর্ণ সংকেত ঃ ***মনোযোগী থাকুন***

যখন আপনারা দলবদ্ধভাবে খেলতে থাকেন, তখন আপনারা পরস্পরের ব্যাপারে ভাবেন, পরস্পরকে ভালোবাসেন।

– উইন্স ল্যাম্বার্ডী

৪৭. মোটর গাইড

এটা তো আপনারা জানেনই যে, ব্যায়াম শরীরকে মজবুত করে তোলে। ব্যায়াম শরীরের গঠনকে উ ত করে তোলে এবং শরীরকে এমন যোগ্য করে তোলে, যাতে শরীর পুষ্টিকর পদার্থ এবং অক্সিজেনকে ভালো ভাবে গ্রহণ করতে পারে।

আমাদের মধ্যে কিছু ব্যক্তি এমনটা চিন্তা করেন যে, কোন্ ব্যায়াম করলে শরীরের কোন অংশ প্রভাবিত হচেছ এবং সেই প্রভাবের ওপরে কে লক্ষ্য দিচেছ ? এটা স্পষ্ট যে, আমাদের মস্তিস্কই এই সব কাজ করছে !

শরীরের ওপরে পড়া প্রভাবের প্রতি মস্তিস্কই লক্ষ্য দেয়!

যখন আপনি কোন ব্যায়াম করেন, তখন মস্তিস্কের কোষগুলো, যেগুলো কাজের ওপরে নিয়ন্ত্রণ বজায় রাখে, সজাগ হয়ে ওঠে এবং সেল্যুলার স্মৃতিকে উ ত করে তোলে।

আপনি যদি এমন কোন কাজে ব্যস্ত থাকেন – যেমন, পিয়ানো বাজানো, সাইকেল চালানো, নাচ করা বা অন্য কিছু – এই সব কাজ করার জন্য আপনাকে নিজের শারীরীক প্রচেস্টাগুলোকে পরস্পরের সঙ্গে সম্পর্কিত করে তুলতে হয়! আপনি এমনটা দেখবেন যে, নিয়মিত অভ্যাসের ফলে আপনি সেই কাজে ধীরে-ধীরে পারদর্শী হয়ে উঠছেন এবং কাজে ভুল কম করছেন!

আপনার এই সফলতার ভিত্তি হচেছ আপনার মস্তিস্ক, আপনার শরীরের মাংসপেশীগুলো নয়! আপনার শরীরের কোশিকা এবং কোষগুলো সেই বিশেষ কাজের জন্য স্মৃতিকে উ ত করে তোলে! পরিণামস্বরূপ, আপনি সেই বিশেষ কাজে দক্ষতা বা বিশেষ কৌশল প্রাপ্ত করে নেন! এই ভাবে, আপনি যত বেশী নতুন জিনিষ শেখার চেস্টা করেন, আপনার মস্তিস্কের কোষগুলো তত বেশী তরোতাজা হয়ে উঠে সেই কাজে আপনাকে দক্ষতা প্রদান করে!

এই প্রকার শারীরীক ব্যায়াম গোটা শরীরকে তরোতাজা করে তোলার জন্য একান্ত জরুরী!

গুরুত্বপূর্ণ সংকেত ঃ	শারীরীক ব্যায়াম

90. স্মৃতিকে তরোতাজা করে তুলুন!

আপনি কি এটা জানেন যে, আমাদের জীবনের জন্য দুটো অত্যন্ত গুরুত্বপূর্ণ জিনিষ কি-কি? আজ্ঞে হ্যাঁ... ঠিকই বলেছেন – হাওয়া আর জল!

জল আমাদের গোটা শরীরে পাওয়া যায়! কিন্তু আমাদের শরীরে কিছু-কিছু অঙ্গ এমনও আছে, যার মধ্যে জল খুব বেশী মাত্রায় পাওয়া যায়! যেমন ধরুন – ফুসফুস, মস্তিষ্ক, পাচক রস, লার ইত্যাদি! এই সব অঙ্গ তখনই সুচারুভাবে কাজ করতে পারে, যখন এই সব অঙ্গ পর্যাপ্ত মাত্রায় জল প্রাপ্ত করে! আমাদের মস্তিষ্ক, যা রাসায়নিক তত্ত্ব বানায়, জল বহন করতে সহায়তা করে! এই ভাবে শরীরের বিভি ভাগে তথ্য পৌঁছে যায়! আপনি যদি এমনটা চান যে, আপনার মস্তিষ্ক ভালো ভাবে কাজ করুক, তাহলে প্রচুর পরিমানে জল খান! রোজ কম পক্ষে আট থেকে দশ গ্লাস জল অবশ্যই খান! আপনি যদি ক্লান্তি অনুভব করেন, প্রচণ্ড ঘামতে থাকেন, তাহলে এক গ্লাস জল আপনাকে তরোতাজা করে তুলবে!

জলের আরও কিছু লাভ আছে! জল শরীরের প্রমুখ দ্রব্যগুলোকে একটা নির্দিষ্ট মাত্রায় ধরে রাখে! এটা আমাদের শারীরীক তাপমাত্রার মধ্যেও একটা সন্তুলন বজায় রাখে এবং ক্ষতিকারক রসায়নগুলোকে – যেমন এ্যাসিডকে প্রস্রাবের মাধ্যমে শরীর থেকে বাইরে বের করে দেয়! এছাড়া, জল শরীরের ত্বককে মোলায়েম রাখে! বলুন তো, এটা কি মস্তিষ্ক আর শরীরকে সুন্দর বানিয়ে রাখার এক সহজ পদ্ধতি নয়? জল আমাদের অন্ত্রে জমে থাকা মল আর অন্যান্য নোংরা পদার্থকেও শরীর থেকে বার করে দিতে সহায়তা করে! এর ফলে, আমাদের পাচনক্রিয়াও স্বাভাবিক থাকে! পাচন ক্রিয়া স্বাভাবিক থাকলে আমাদের শরীরের জরুরী অঙ্গগুলো এনার্জীতে ভরপুর হয়ে ওঠে আর ঠিকমত কাজ করতে পারে! সব মিলিয়ে, এটা আমাদের মস্তিষ্ককে ভালো ভাবে চিন্তা করতে, বুঝতে, স্মরণ করতে এবং গ্রহণ করতে সহায়তা প্রদান করে!

এজন্য সর্বদা জলের বোতল নিজের সঙ্গে রাখুন! যাতে, যখনই জলের প্রয়োজন হবে, জল যেন আপনার হাতের কাছেই মজুদ থাকে! আপনি যখন পড়তে বসবেন, তখন এক বোতল জল পড়ার টেবিলে রাখুন আর মাঝে-মাঝেই জল খেতে থাকুন! আপনি পরীক্ষার হলেও নিজের সঙ্গে করে জলের বোতল নিয়ে যেতে পারেন!

গুরুত্বপূর্ণ সংকেত ঃ	জল

91. স্মরণীয় ঘটনা এবং স্মৃতিচিহ্ন

আপনি যদি এটা মনে না করতে পারেন যে, আপনি কোন্ বছরে, কোন্ মাসের, কত তারিখে বাড়ী পাল্টেছিলেন, তাহলে ঐ সময় ঘটা গুরুত্বপূর্ণ ঘটনাগুলোকে মনে করার চেষ্টা করুন, যেসব ঘটনা আপনার জীবনে ঐ সময় ঘটেছিল! বেশ কয়েক বছর আগে আপনার জীবনে যা কিছু ঘটেছে, সেগুলো অন্যান্য আর সব ঘটনার থেকে আলাদা নিশ্চয়ই ঘটেনি! আপনি যদি কোন বিশেষ সময়ে ঘটা কোন ঘটনার কথা মনে না করতে পারেন, তাহলে কোন চিহ্ন বা সূত্রের সাহায্যে সেটাকে মনে করার চেষ্টা করুন! হতে পারে, ঐ সময় কোন গুরুত্বপূর্ণ রাজনৈতিক ঘটনা ঘটেছিল, কোন মনে রাখার মত ফিল্ম চলছিল বা কোন ফিল্মের কোন গান অত্যন্ত বেশী জনপ্রিয় হয়ে উঠেছিল... সেগুলোকে স্মরণ করার চেষ্টা করুন, যার ফলে আপনি সেই অত্যন্ত গুরুত্বপূর্ণ ঘটনা, যেটা আপনি মনে করার চেষ্টা করছেন, স্মরণ করতে সহায়তা পাবেন!

আপনি যদি এত কিছুর পরেও মনে করতে ব্যর্থ হন, তাহলে এই সব স্মৃতিচিহ্ন আপনাকে সেটা মনে করাতে তো সাহায্য করবেই... তার সাথে-সাথে আপনি নিজের পরিবারের অন্যান্য সদস্যদের সহায়তাও নিতে পারেন! হতে পারে, হয়তো ওনাদের মধ্যে কারো স্মৃতিজ্ঞান আপনার জন্য সহায়ক হয়ে উঠবে!

কোন বিশেষ ঘটনাকে স্মৃতিচিহ্নের রূপে প্রয়োগ করুন!

গুরুত্বপূর্ণ সংকেত ঃ	গুরুত্বপূর্ণ ঘটনা

আপনি যদি মানুষের প্রতি প্রেম না করেন, তাহলে আপনি কখনোই ঈশ্বরের কাছাকাছি পৌঁছতে পারবেন না!

– লেস গিবলিন

92. নোটস্ ছাড়াই ভাষণ দেওয়া !

লোকেদের সামনে ভাষণ দিতে আপনি কেমন অনুভব করেন ? অন্যদের মত আপনিও হয়তো এই ব্যাপারটাকে খুব একটা গুরুত্ব দেন না ! এতে অবাক হবার কিছু নেই... কারণ ভেতরের ঘাবড়ানি ভাষণের নামেই আপনাকে ভয় পাইয়ে দেয় ! ভাষণ দেবার সময় ঘাবড়ানির চোটে জরুরী কথাগুলো ভুলে যাবার ভয়ও থাকে !

এর থেকে বাঁচার জন্য একটা উপায় হচ্ছে ভাষণ আগে থেকে লিখে নিজের সঙ্গে করে নিয়ে যাওয়া ! এটা খারাপও নয় ! আপনি আগে থেকে নিজের চিন্তাধারাকে সু-ব্যবস্থিতভাবে লিখে তা দেখে-দেখে ভাষণ পড়তে পারেন !

কিন্তু আমার মত এর থেকে আলাদা ! আমি মনে করি যে, আগে থেকে লেখা ভাষণ ত্রুটিপূর্ণ হয় ! সব থেকে বড় ত্রুটি হচ্ছে এটা যে, এর ফলে বক্তা আর শ্রোতাদের মধ্যে কোন সম্পর্ক স্থাপিত হতে পারে না ! আগে থেকে লেখা ভাষণে এই তত্ত্বটাই গায়েব হয়ে যায় !

তাহলে নোটস্ ছাড়া কি ভাবে ভাষণ দেওয়া সম্ভব ?

সমাধান ঃ ধরুন, আপনাকে *'ভোলো নেতৃত্ব'*-র ওপরে কিছু বলতে হবে !

পরামর্শ 1 ঃ আপনাকে সেই বিষয়ের সঙ্গে যুক্ত সামগ্রী একত্রিত করে তার ওপরে চিন্তা-ভাবনা অবশ্যই করতে হবে !

পরামর্শ 2 ঃ এরপর সেই সব সামগ্রীকে শ্রেণীবদ্ধ করতে হবে যে, ভূমিকায় কি বলতে হবে, তার পরে কি বলতে হবে এবং ভাষণ শেষ করার সময় কি বলতে হবে ?

পরামর্শ 3 ঃ গুরুত্বপূর্ণ সংকেতগুলোকে চিনে নিন এবং সেই সব সংকেতকে সু-ব্যবস্থিত করুন !

ধরুন, ভাষণের জন্য মুখ্য সংকেতগুলো হচ্ছে এই রকম ঃ-

1. অদম্য সাহস
2. আত্মনিয়ন্ত্রণ
3. ন্যায়প্রিয়তা
4. প্ল্যান-প্রোগ্রামের রূপায়ণ

5. উদ্দেশ্যে স্পষ্টতা
6. যথাসম্ভব বেশী কাজ করার অভ্যাস
7. আকর্ষক ব্যক্তিত্বের অধিকারী
8. ভালো আণ্ডারস্ট্যাণ্ডিং এবং দয়াভাব
9. সমস্যা সম্পর্কে ভালো জ্ঞান
10. দায়িত্ব বহন করতে তৎপর
11. সহযোগিতা

পরামর্শ 4 ঃ এবার ওপরে উল্লেখিত 11-টি গুরুত্বপূর্ণ সংকেতকে নিজের স্মৃতিতে সংগ্রহ করে রাখুন! উদাহরণ হিসেবে, 6 নম্বর পয়েন্ট *'যথাসম্ভব বেশী কাজ করার অভ্যাস'* আর *'টেবিল'*-য়ের সঙ্গে সম্পর্ক গড়ে তুলুন! এর অর্থ হল এটা যে, আপনার মাথার মধ্যে এটা ঢুকে গেল যে, একজন কুশল নেতাকে টেবিলে বসে যথাসম্ভব বেশী কাজ করতে হয়!

এটা ভুলে যাবেন না যে, আজকের যুগের কোন কুশল বক্তাকে বেশ কিছু অভ্যাসের ভেতর দিয়ে যেতে হয়! প্রথম বারেই কেউ সফল বক্তা হয়ে ওঠে না! এই অধ্যায়ে আপনাকে কিছু প্রাথমিক জিনিষ জানানো হল, যেগুলো আপনার পক্ষে নিঃসন্দেহে লাভদায়ক প্রমাণিত হবে!

যদি *'স্মৃতি সংগ্রহ মনোযোগ'* পদ্ধতিকে আপনি ভালো ভাবে প্রয়োগ করতে পারেন, তাহলে আপনি যখনই সুযোগ পাবেন, নিজে থেকে সেই সুযোগের সদ্ব্যবহার করতে পারবেন!

গুরুত্বপূর্ণ সংকেত ঃ ***মানসিক নোটস্***

এ যুগের সব থেকে বড় আবিস্কার হল এটা যে, মানুষ নিজের চিন্তাধারায় পরিবর্তন এনে নিজের জীবন বদলাতে পারে!

– উইলিয়াম জেমস

93. উৎসাহিত অনুভব করা

মৌজ-মস্তি জীবনে উৎসাহের সৃষ্টি করে, সেটা আমাদের ভালো অনুভব করায় এবং অভিজ্ঞতার মাধ্যমে যথাসম্ভব বেশী শেখার যোগ্য করে তোলে! এক সার্ভে অনুযায়ী, বিভি ক্ষেত্রের লোকেদের – শিল্পী, ধাবক, ডাক্তার, ইঞ্জিনিয়ার, সঙ্গীতজ্ঞ ইত্যাদি – এটা প্রশ্ন করা হয়েছিল যে, যখন ওনারা নিজেদের কাজকে সফলতার সঙ্গে সম্প করেন, তখন ওনাদের কেমন অনুভূতি হয় এবং ওনারা কি ভাবে আনন্দ উপভোগ করেন? আশ্চর্য্যের ব্যাপার হল এটা যে, ওনাদের সবার উত্তর মোটামুটি একই রকমের ছিল... যদিও ওনারা বিভি ব্যবসার সঙ্গে যুক্ত ছিলেন!

আপনি যখন আনন্দিত হয়ে ওঠেন, সেই সময় আপনি যে কাজে লেগে থাকেন, সেটা ছাড়া বাইরের জগতের সঙ্গে আপনার সকল সম্পর্ক বিচ্ছি হয়ে পড়ে! অন্তঃকরণ, সন্দেহ ইত্যাদি সব কিছু লুপ্ত হয়ে যায় এবং সময় সম্পর্কে আপনার কোন জ্ঞানই থাকে না!

এমন মানসিক কাজ, যা আপনাকে সুখ অনুভব করায়, সেগুলো পুরস্কার পাওয়ার মত হয় এবং আমাদের মস্তিস্কে অনুকূল পরিবর্তনের সৃষ্টি করে! এমন সুখকর অনুভব করার সময় যে স্মৃতি তৈরী হবে, সেটা মানসিক কাজ করতে সহায়ক হয়ে উঠবে এবং পরের বার এক প্রচেস্টাতেই সব কিছু মনে পড়ে যাবে!

গুরুত্বপূর্ণ সংকেত ঃ	আনন্দ (মৌজ-মস্তি)

94. ভালো ঘুমের টেক্‌নিক

ভালো পড়াশোনা করার জন্য ভালো ঘুম হওয়াটা অত্যন্ত জরুরী! প্রায়ই ছাত্র-ছাত্রীরা এমন অভিযোগ করেন যে, ওনাদের ভালো ঘুম হয় না! এমন কোন উপায় কি আছে, যাতে বিছানায় শোওয়ামাত্র ঘুম এসে যায়?

এই প্রশ্নের উত্তর পাবার জন্য আমি প্রভাবশালী ঘুম এবং ঘুমের অভ্যাসের জন্য অনেক বই পড়েছি এবং সেই সব বই থেকে প্রাপ্ত জ্ঞানের পরীক্ষাও করেছি! ঐ সব বইতে যেসব পরামর্শ দেওয়া হয়েছে, সেগুলোর মধ্যে কয়েকটা হল ঃ-

1. ঘুমোবার আগে কিছুক্ষণ ধ্যান করুন!

2. কোন অরুচিকর বই পড়ুন!

3. নিজের মস্তিষ্কের ভেতরে কালো রং-য়ের বা বিনা কোন রং-য়ের মানসিক চিত্রণ করুন!

4. ঘুমোবার ঠিক আগে এক গ্লাস দুধ খাওয়ার অভ্যাস তৈরী করুন!

যখন ওপরে দেওয়া উপায়গুলো থেকেও কোন লাভ হল না, তখন আমি আর একটা সূত্র জানতে পারলাম! সেটা হল এইরকম ঃ আপনি যখন বিছানায় শোবেন, তখন ঘরের আলো নিভিয়ে চোখ বন্ধ করে নিন আর আর মনে-মনে এমনটা আওড়াতে থাকুন–*'আজ রাতে আমি ঘুমোব না!'* এমনটা করলে দেখবেন, পাঁচ মিনিটের ভেতরে আপনার ঘুম এসে যাবে! এই পদ্ধতির সঙ্গে হয়তো সবাই একমত হবেন না... কিন্তু একটা ব্যাপার পরীক্ষিত যে, আপনি গভীর নিদ্রায় অতি অবশ্যই তলিয়ে যাবেন! অনেক ছাত্র-ছাত্রীরা এই পদ্ধতি গ্রহণ করে লাভবান হয়েছেন!

তাহলে, আজ রাতেই পরীক্ষা করে দেখুন না, হয়তো আপনার সমস্যার সমাধান বেরিয়ে আসবে!

গুরুত্বপূর্ণ সংকেত ঃ **উল্টো ভাবুন**

এক ফোঁটা মধু অনেক মৌমাছিকে আকৃষ্ট করে!
– আব্রাহাম লিংকন

95. সকালের জলখাবার অবশ্যই খান !

সকালে ভালোমতন জলখাবার খেলে আপনার কাজ করার ক্ষমতা আর চিন্তা করার ক্ষমতার মধ্যে আশ্চর্য্য রকমের উ তি হয় ! বেশ কিছু রিসার্চ থেকে এটা প্রমাণিত হয়েছে যে, স্মৃতি-সম্বগ্নিত পরীক্ষায় সেই সব বাচ্চা বা প্রতিযোগীরা ভালো ফল করেছে, যারা নিয়ম করে সকালে জলখাবার খেয়েছিল ! যেসব প্রতিযোগী পরীক্ষায় দিনগুলোয় ঘাবড়ানির কারণে সকালের জলখাবার খায় না, তারা নিজেদের প্রদর্শনের ক্ষেত্রে গড়পড়তা বা গড়পড়তার নীচে থাকে !

আপনার যদি সকালে তাড়াতাড়ি বেরোবার থাকে, সেই সময় যদি জলখাবার তৈরী না হয়ে থাকে অথবা আপনি যদি জলখাবার খেয়ে বাড়ী থেকে বেরোবার পরিস্থিতিতে না থাকেন, তাহলে আপনি ফ্যাটবিহীন দুধ, জুস, বিস্কুট বা ড্রাই ফ্রুটও খেতে পারেন ! কিন্তু কোন পরিস্থিতিতেই জলখাবার খাওয়াটা যেন বগ্ন করবেন না! জলখাবার আপনার রক্তে গ্লুকোজের স্তরকে বজায় রাখে ! এর থেকে যে এনার্জী প্রাপ্ত হবে, সেটা আপনার প্রদর্শনকে উ ত করে তুলবে আর আপনার শরীর এবং মস্তিষ্ক সব কাজ ভালো ভাবে সম্পাদন করতে আপনাকে সহায়তা করবে !

সুতরাং, দিনের সব থেকে গুরুত্বপূর্ণ ভোজন অর্থাৎ সকালের জলখাবার অবশ্যই খান !

গুরুত্বপূর্ণ সংকেত ঃ *সকালের জলখাবার*

মনুষ্যশরীর মানুষের আত্মারই প্রতিবিম্ব হয় !

96. স্মৃতি ফল

আপেলে আয়রণ ভরপুর মাত্রায় থাকে এবং তাতে অন্যান্য খনিজ পদার্থও থাকে, যা মস্তিষ্ককে ক্রিয়াশীল রাখতে সহায়তা করে! বিভি অনুসন্ধানে এটা প্রমাণিত হয়েছে যে, মস্তিষ্ককে ক্রিয়াশীল করে রাখার জন্য যেসব জরুরী তত্ত্বের প্রয়োজন হয়, সেগুলো আপেলের মধ্যে ভরপুর মাত্রায় থাকে আর প্রতি দিন একটা করে আপেল খেলে স্মৃতিশক্তি উ ত হয়ে ওঠে! আপনি এই সব জরুরী খনিজ পদার্থ আপেল, আঙ্গুর, পীচ ফল, চেরী, গাজর, আলু আর এলাচের মাধ্যমে পেতে পারেন! রোজ একটা করে আপেল খান, রোগকে দূরে ভাগান আর স্মরণশক্তিকে প্রখর বানান!

গুরুত্বপূর্ণ সংকেত ঃ	আপেল

97. ক্যাফিন – স্মৃতি উত্তেজক

কম মাত্রায় ক্যাফিনযুক্ত কফি রোজ খেলে আপনার স্বল্পকালীন স্মৃতি উ ত হয়ে উঠবে, কিন্তু এমনটা একমাত্র তখনই হবে, যখন আপনি ক্লান্ত অনুভব করছেন! সকালে, যখন আপনি দিনচর্যার জন্য প্রস্তুত হচ্ছেন, সেই সময় কফি খাওয়াটা বেশী লাভদায়ক হবে না! আপনি যখন এমনিতেই তরোতাজা অনুভব করছেন, তখন কফি খেয়ে স্মৃতির ওপরে বেশী চাপ দেওয়াটা উল্টে ক্ষতিকারক হয়ে উঠতে পারে! এতে আপনার প্রখর স্মরণশক্তির ওপরে বিপরীত প্রভাবও পড়তে পারে!

সেরেটোনাইন রসায়ন, যেটা মস্তিস্কে সংবাদবাহকের কাজ করে, স্বল্পকালীন স্মৃতির উ তিতে সহায়ক হয়! ক্যাফিন এই রসায়নের ওপরে প্রভাব বিস্তার করে!

ক্যাফিনের উৎপত্তি কেবলমাত্র কফিই নয়, অত্যধিক চা, কার্বোনেটেড সোডা, শীতল পানীয়, কফিযুক্ত আইসক্রীম এবং ইয়োগার্টের থেকেও হয়! এজন্য এসব পদার্থ খাওয়ার আগে আপনার স্মৃতির ওপরে পড়া এই সব পদার্থের প্রভাবের ব্যাপারেও চিন্তা-ভাবনা করে নেওয়া উচিত!

আপনার স্মৃতিশক্তির উ তি বা ক্ষীণতা এই জিনিষটার ওপরে নির্ভর করে যে, আপনি দিনের কোন্ সময় কফির কাপ হাতে তুলে নিচ্ছেন ?

গুরুত্বপূর্ণ সংকেত ঃ *ক্যাফিন পদার্থ*

আমি কারো সম্বন্ধে খারাপ কথা বলব না, বরং আমি যতজনকে চিনি, সবাইকে ভালো বলব!

– বেঞ্জামিন ফ্র্যাংকলিন

98. খাবারের মাঝে জল খাওয়া

আপনি যদি নিজেকে জড়বুদ্ধি অনুভব করেন বা এমনটা অনুভব করেন যে, আপনার কার্যক্ষমতা ক্রমশঃ ক্ষীণ হয়ে আসছে, তাহলে জল খান! এতে আপনার কার্য্যক্ষমতা এবং স্মৃতি উ ত হয়ে উঠবে!

অনেকবার লাঞ্চের কয়েক ঘন্টা পরে আমরা এমনটা অনুভব করি যে, কাজ করতে-করতে আমাদের উৎসাহের অভাব হয়ে পড়েছে!

তাজা ফল, যেমন – কলা, আপেল আর কমলালেবুর স্যালাড, দই, জুস, কর্ণ ফ্লেক্স, বিস্কুট – যেটা ইচ্ছে খেতে পারেন! এটা আপনাকে সুস্থ রাখা ছাড়াও আপনার মস্তিষ্ককে তরোতাজা রাখবে এবং স্ফূর্তি প্রদান করবে!

আপনি যদি মাঝে-মাঝেই জল খান, তাহলে আপনার শরীর আর মস্তিষ্ক স্ফূর্তিবান অনুভব করবে!

গুরুত্বপূর্ণ সংকেত ঃ	জল খাওয়া

99. তথ্যকে ছোট-ছোট ভাগে বিভক্ত করুন!

যে কোন বিশেষ তথ্যকে খোঁজার জন্য আমাদের মস্তিস্কে এক বিশেষ প্রক্রিয়া কাজ করে! যে কোন তথ্য যখন বিভি অংশে, আমাদের জ্ঞানেন্দ্রিয়গুলো দ্বারা আমাদের মস্তিস্ক পর্যন্ত্য পৌঁছে দেওয়া হয়, তখন সেটা দীর্ঘ সময় ধরে এবং বিস্তারিতভাবে আমাদের মস্তিস্কে থাকে! এমনটা এজন্য হয়, কারণ প্রতিটি জ্ঞানেন্দ্রিয় নিজের-নিজের অংশের তথ্য মস্তিস্কের বিশেষ স্হানে ষ্টোর করে দেয়!

নিজের জ্ঞানেন্দ্রিয়গুলোকে পরস্পরের ওপরে প্রভাব বিস্তার করতে দেওয়া উচিত! যখনই সম্ভব হবে, নিজের ইন্দ্রিয়গুলোর ভালো ভাবে প্রয়োগ করুন, যেমন – দেখা, শোনা, শোঁকা, স্পর্শ, আগ্রহ, শারীরীক গতিবিধি ইত্যাদি! এই সব ইন্দ্রিয়ের গতিবিধির ওপরও সজাগ দৃষ্টি রাখুন! আপনি নিজের সেন্টিমেন্টের সঙ্গেও সম্পর্ক জুড়তে পারেন! যেমন ধরুন – আপনার প্রাইমারী স্কুলের শিক্ষককে দেখামাত্র আপনার তৎক্ষনাত মনে পড়ে যায় যে, উনি হচেছন সেই ব্যক্তি – যিনি আপনাদের পড়িয়েছিলেন! এই ভাবে নিজের অভিজ্ঞতার মানসিক সম্পর্ক তৈরী করে বা সাহচর্য পদ্ধতি দ্বারা আপনি বেশ পুরোন কোন ঘটনা বা কথা মনে করতে পারেন! এই ভাবে আপনি যে কোন ব্যক্তির নামও বরাবরের জন্য মনে রাখতে পারবেন এবং কথোপকথনের সময় সেই ব্যক্তিকে ওনার নাম দ্বারা সম্বোধিত করতেও পারবেন! যেমন–*'মি. দে! আপনার সঙ্গে পরিচিত হয়ে অত্যন্ত আনন্দিত হলাম!'* সুতরাং, যে কোন তথ্যকে ছোট-ছোট টুকরোয় ভাগ করে তারপর সেটাকে স্মরণ করলে আপনার বিশেষ লাভ হবে!

গুরুত্বপূর্ণ সংকেত ঃ	তথ্যের ছোট-ছোট ভাগ

100. নিজের সঙ্গে কথা বলা

মস্তিষ্কের এদিক-ওদিক ঘুরে বেড়ানো আর চিন্তাধারার এদিক-ওদিকে ছুটে বেড়ানো বন্ধ করতে, নিজের সঙ্গে কথা বলার চেষ্টা করুন, যাতে একাগ্রচিত্ত হতে সহায়তা পাওয়া যায় আর কোন কিছু স্মরণ করাটা সহজ হয়ে ওঠে! উদাহরণ হিসেবে, যখন আপনি কোন মার্কেট প্লেসের কাছে নিজের গাড়ী পার্ক করেন, তখন গাড়ী থেকে বাইরে বেরিয়ে এসে আপনি নিজের সঙ্গে কথা বলুন যে, আপনি গলি দিয়ে বেরিয়ে যাচ্ছেন! গাড়ীর চাবি প্যান্টের কোন্ পকেটে রয়েছে? আপনি ঠিক কি করতে যাচ্ছেন? আপনি গত বার কি ঠিক কোন্ দোকান থেকে কেনা-কাটা করেছিলেন?

যখন আপনি নিজের কাজ সেরে নেবেন, তখন সব কিছু বিপরীত দিশায় ভেবে, উল্টো দিশায় চললে আপনি খুব সহজেই পার্ক করা নিজের গাড়ীকে খুঁজে পেয়ে যাবেন!

নিজের রাখা জিনিষকে মনে রাখা বা হারিয়ে যাওয়া জিনিষকে মনে করে খুঁজে বের করাটা খুব সহজ হয়ে উঠবে, যদি আপনি নিজের মস্তিষ্ককে জেনে-শুনে সেই সব পরিস্থিতির কথা মনে করান, যেসব পরিস্থিতির মধ্যে দিয়ে আপনাকে যেতে হয়েছে! এর ফলে, আপনি স্মরণ করতে সহায়তা পাবেন যে, আপনি ঠিক সময়মত ওষুধ খেয়েছেন কি না বা নিজের পার্স, লাঞ্চ বক্স, পেন, ডায়রী ইত্যাদি নিজের ব্যাগে পুরেছেন কি না বা এমন কিছু জিনিষ, যেসব জিনিষের কথা আপনি তাড়াহুড়োয় প্রায়ই ভুলে যান! মনে রাখার জন্য নিজের ক্রিয়াকলাপগুলোকে এবং চিন্তাধারাকে ক্রিয়াশীল করে তুলুন!

গুরুত্বপূর্ণ সংকেত ঃ ***নিজের সঙ্গে কথা বলা***

অন্যের তুলনায় বেশী চালাক হোন্, কিন্তু তাকে সেটা বুঝতে দেবেন না!

– লর্ড চেস্টারফীল্ড

101. দুর্বল অংশ

আপনি যদি বাড়ীর দরজা খোলার জন্য বাঁ হাতের প্রয়োগ করেন *(যেসব ব্যক্তি বাঁ হাত দিয়ে বেশী কাজ করেন, তাঁদের ক্ষেত্রে ডান হাত)*, তাহলে আপনার স্মৃতি ততটা সহায়ক হবে না, যতটা স্বাভাবিক ক্ষেত্রে হয়!

আপনি কি কখনো বাঁ হাত দিয়ে সই করার চেষ্টা করে দেখেছেন? লক্ষ্য করে দেখবেন, প্রথম নামটা লেখাই কত মুশ্কিল হয়ে ওঠে! ওপর-ওপর দেখতে খুব সহজ কাজের সঙ্গে সংঘর্ষ করলে মস্তিষ্কের সেই সব অংশ সজাগ হয়ে ওঠার চেষ্টা করে, যেসব অংশের হয় আমরা প্রয়োগ করি না বা যেসব অংশের প্রয়োগ খুব কম হয়! আমাদের শরীরের এই সব অংশও নিজেদের গুরুত্বপূর্ণ ভূমিকা পালন করতে চায়!

আমাদের দৈনন্দিন জীবনের কিছু-কিছু অভ্যাস, যেমন - দাঁত ব্রাশ করা, জামার বোতাম লাগানো, জুতো পরা... এই সব কাজে আমরা নিজেদের অভ্যাস অনুযায়ী সাধারণতঃ নিজেদের ডান হাতটাকেই ব্যবহার করি! এই সব কাজে আপনি নিজের বাঁ হাতকে ব্যবহার করে দেখুন, আপনার মস্তিষ্ক তৎক্ষনাত স্বাভাবিক ক্রিয়ার সমান্তরাল কাজ করতে থাকবে! আপনার মস্তিষ্কের সুপ্ত ভাগ সজাগ হয়ে উঠে কাজ করতে শুরু দেবে, যার অর্থ হল মস্তিষ্কের সব দিক থেকে উ তি এবং ব্যায়াম!

নিজের দৈনন্দিন জীবনে বাঁ হাত দিয়ে এমন সব কাজ করার চেষ্টা করুন, যেসব কাজ সাধারণতঃ আমরা নিজেদের ডান হাত দিয়েই করে থাকি! এই প্রকারের পরিবর্তন আনলে হতে পারে যে, তাৎক্ষনিক পরিণাম হয়তো সামনে আসবে না, কিন্তু আপনি ধীরে-ধীরে একটা পরিবর্তন অবশ্যই পরিলক্ষিত করবেন!

এটা স্পষ্ট যে, এই কাজে বিন্দুমাত্র ঝুঁকি নেই! কিন্তু এটার অর্থ এই নয় যে, আপনি কোন ধারালো বস্তুর ব্যবহার করতে শুরু করে দেবেন আর তারপর তার দুঃখজনক পরিণাম ভোগ করবেন! এর জন্য আপনাকে একটু সাবধানে থাকতে হবে!

গুরুত্বপূর্ণ সংকেত ঃ বাঁ হাত

যে ব্যক্তি একলা চলে, সে দিনের সূত্রপাত করতে পারে!

– হেন্‌রী ডেভিড

102. দৈনন্দিন রুটীন বদলান!

রোজ একই ধরনের কাজ করতে থাকলে *বৈার'* লাগে! এটা এক দিক থেকে চেতনাকে শূণ্য করে তোলে! নিজেকে তরোতাজা এবং উৎসাহিত করে তোলার জন্য নিজের দৈনন্দিন রুটীনে একটু পরিবর্তন নিয়ে আসুন!

এর জন্য এমনটা করা জরুরী নয় যে, আপনি প্রতি মাসেই নিজের চাকরী বদলাবেন বা এক শহর থেকে অন্য শহরে ঘুরে বেড়াবেন! দৈনন্দিন রুটীনে সামান্য পরিবর্তন আপনার ভেতরে উৎসাহের সঞ্চার করতে পারে! এর ফলে, আপনার মস্তিস্ক বাল্বের মত চমকদার হয়ে উঠবে! আমাদের মস্তিস্ক নতুন কিছু করার জন্য সর্বদা লালায়িত হয়ে থাকে... যদি আমরা আমাদের দৈনন্দিন রুটীনে কিছুটা নতুনত্ব আনার চেষ্টা করি, তাহলে আশানুরূপ উৎসাহ লক্ষ্য করা যাবে! যেমন ধরুন, আপনি নিজের বাড়ীর সাজসজ্জায় পরিবর্তন আনতে পারেন, আসবাবপত্রের স্হানে পরিবর্তন আনতে পরেন, যে হাতে আপনি ঘড়ি পরেন, সে হাতে না পরে অন্য হাতে ঘড়ি পরতে পারেন, কাজ করার কোন নতুন পদ্ধতি আবিস্কার করতে পারেন! এই ধরনের পরিবর্তন আপনার মস্তিস্কে নতুন কানেকশন সৃষ্টি করতে সহায়তা করবে!

এই পরিবর্তন হয়তো আপনাকে 50-টি নাম তৎক্ষনাত মনে করতে সহায়তা নাও করতে পারে বা বড় কোন প্যারাগ্রাফকে মনে করতে হয়তো আপনি সফলতা নাও পেতে পারেন... কিন্তু মস্তিস্ককে তরোতাজা আর এনার্জীতে ভরপুর করে তুলতে আপনি নিশ্চয়ই সহায়তা পাবেন! এর পরিণাম এটা হবে যে, আপনার কার্য্যক্ষমতায় এক আশ্চর্য্যজনক উ তি হবে! আপনার মস্তিস্কে নতুন-নতুন বিচারধারা উৎপ হবে! কিছু নতুন করার জন্য আপনার মন উৎসাহিত হয়ে উঠবে! আপনার মুখে-চোখে এক চমকের সৃষ্টি হবে! সৃজনাত্মক কাজ করতে আপনি সহায়তা পাবেন এবং বিভি জিনিষের মধ্যে সম্পর্ক তৈরী করার ক্ষমতা গড়ে উঠবে! সব মিলিয়ে, আপনার মস্তিস্কের চতুর্মুখী উ তি হবে!

গুরুত্বপূর্ণ সংকেত ঃ **রুটীনে পরিবর্তন**

103. প্রাণচাঞ্চল্যে ভরপুর হবার জন্য পায়চারী করুন !

প্রকৃতির মধ্যে যাবার ফলে এবং পায়চারী করার ফলে আপনার স্মৃতি প্রাণচাঞ্চল্যে ভরপুর হয়ে উঠবে ! আপনি আরাম অনুভব করবেন, আপনার বিশ্লেষণ শক্তি উ ত হয়ে উঠবে এবং আপনি একাগ্রচিত্ত হয়ে উঠবেন !

স্মৃতির ব্যাপারে যে কথাটা প্রয়োজ্য হয়, তা হল মনোযোগ বিচিছ হওয়া ! আপনি যদি কিছুক্ষন সময় পায়চারী করার জন্য বের করে নেন, তাহলে আপনার ব্যাটারী রি-চার্জ হয়ে পড়বে এবং আপনি স্ফূর্তি অনুভব করবেন... পরিণামস্বরূপ, আপনার স্মৃতিশক্তিও উ ত হয়ে উঠবে !

প্রকৃতির কাছাকাছি যাবার জন্য এমন কোন স্হান খুঁজে নিন, যে জায়গাটায় আপনি নিজের বাড়ী বা কর্মস্হল থেকে পায়ে হেঁটে পৌঁছতে পারেন !

সেই জায়গাটা ঝিলের কাছে কোন পাথর, কোন নিরিবিলি পার্ক হতে পারে ! সপ্তাহে যে কোন দিন কম পক্ষে আধ ঘন্টা সময় মনে করে বের করে নিন এবং মস্তিষ্কের মধ্যে এমন কোন জিনিষ আনবেন না, যে জিনিষটা ওখানেও আপনাকে অস্হির করে তুলবে ! নিজের সঙ্গে করে টেপ-রেকর্ডার বা কোন বই নিয়ে যাবেন না !

এবার আপনি পার্কে পৌঁছবার পরে নিজের ইন্দ্রিয়গুলোর ওপরে বিন্দুমাত্র চাপ দেবেন না ! কোন একটা জিনিষকেও খুব বেশী মনোযোগ দিয়ে দেখবেন না ! মনে-মনে শুধু এটাই ভাবুন যে, আপনি প্রকৃতি দেবীর কোলে রয়েছেন ! দেখবেন, পাখীদের ডাক, উদিত সূর্য্যের লালিমা, গাছের সবুজ পাতা আপনার ভালো লাগবে ! আপনি নিজেকে প্রাণচাঞ্চল্যে ভরপুর অনুভব করবেন চিৎকার-চেঁচামেচি থেকে দূরে সেই নির্জন একান্ত স্হানে ! সেই জায়গাটার আনন্দ প্রতিটি মুহুর্তে উপভোগ করুন ! আপনার মস্তিষ্ক আর শরীরের মধ্যে এক সন্তুলন আপনি অনুভব করবেন !

গুরুত্বপূর্ণ সংকেত ঃ নতুন জায়গা

104. আমি নিজের চাবি কোথায় রেখেছি ?

আমি কালই বই পড়ে রেখেছিলাম... এখন ওটা খুঁজে পাচ্ছি না! চশমাটা যে কোথায় রেখেছি, খুঁজে পাচ্ছি না!

প্রায় প্রতি দিনই আমরা নিজেদের অনেকটা বহুমূল্য সময় প্রয়োজনীয় জিনিষ খোঁজার পেছনে লাগাই! এটা হচ্ছে এক সাধারন ভুলে যাওয়ার সমস্যা! এই সমস্যার হাত থেকে মুক্তি পাওয়া উচিত!

এমনটা কেন হয় ?

একে বলে মনোযোগের অনুপস্থিতি! আসুন, এই সমস্যাটাকে আমরা এক যুক্তি দিয়ে দেখার চেষ্টা করি! আপনি যখন চাবি রাখছিলেন, তখন হয়তো আপনার মস্তিস্ক অন্য কিছু ভাবছিল! এর ফলে, আপনার মস্তিস্ক এটার দিকে মনোযোগ দেয়নি যে, চাবি কোথায় রাখা হয়েছে! আপনি যখন মনোযোগই দেননি, তখন আপনি এটা কি করে আশা করবেন যে, আপনার মনে পড়ে যাবে যে, আপনি চাবি কোথায় রেখেছেন ?

মস্তিস্কের অনুপস্হিতির পরিস্হিতি সেই সময় উৎপ হয়, যখন আপনার ওপরে কাজের খুব বেশী চাপ থাকে বা আপনি বেশ কিছু কাজ এক সঙ্গে করার চেস্টা করেন অথবা আপনি কোন কারণে চিন্তাগ্রস্ত হয়ে ওঠেন! ওপরে উল্লেখিত সব ব্যাপারেই আপনার মস্তিস্ক আগে থেকেই অন্য কোথাও ব্যস্ত হয়ে ছিল! এজন্য এটা মনে থাকে নি যে, আপনি চাবি ঠিক কোথায় রেখেছেন ?

সমাধান ঃ

আপনি নীচে দেওয়া পদক্ষেপগুলো গ্রহণ করে মস্তিস্কের অনুপস্হিতির সমস্যার হাত থেকে মুক্তি পেতে পারেন ঃ-

1. সেই সব পরিস্হিতির হাত থেকে বাঁচার চেস্টা করুন, যেসব পরিস্হিতির কারণে অনুপস্হিত মস্তিস্কের সমস্যার সৃষ্টি হয় এবং এই চেস্টা করুন যে, আপনি সব কাজ ক্রমানুসারে একটার-পর-একটা করবেন আর চিন্তামুক্ত থাকার যথাসম্ভব চেস্টা করবেন!
2. আপনি যখন কোন কিছু মনে করতে পারছেন না, তখন ঘাবড়ে ওঠার কিছুই নেই! খোলা মাথায় এটা চিন্তা করুন যে, আপনি কিছুক্ষন আগে কোন্ ঘটনাচক্রের ভেতর দিয়ে গেছেন! এটা অনুমান লাগান যে, আপনি যে জিনিষটাকে খুঁজছেন, তার আগের আর পরের পরিস্হিতি কি ছিল ?

এই অভ্যাসটা আপনাকে নিজে থেকে সেই জিনিষটার কাছাকাছি নিয়ে যাবে বা আপনাকে মনে করিয়ে দেবে, যে জিনিষটা আপনি কোথায় রেখে ভুলে গেছেন!

গুরুত্বপূর্ণ সংকেত ঃ	উপস্হিত মস্তিস্ক

105. প্লেসেবো ডামি ওষুধ

ডাক্তারেরা নিজেদের রোগীদের জন্য বেশীর ভাগ প্লেসেবো প্রয়োগ করেন... এগুলো মিষ্টি ট্যাবলেট বা এমন ট্যাবলেট হয়... যার মধ্যে ওষুধ থাকে না! কিন্তু রোগীদের এটা বলা হয় যে, এগুলো হচ্ছে এক প্রভাবশালী ওষুধ! বিভি অনুসন্ধানে এটা প্রমাণিত হয়েছে যে, এটা ওষুধ নয়... বরং এটা হচ্ছে মস্তিস্কের শক্তি, যেটা নিজের প্রভাব বিস্তার করে!

1979 সালে এক অধ্যয়ণে সেই সব রোগীদের, যাঁদের ব্লাড আলসার ছিল, দুটো দলে ভাগ করে নেওয়া হয়েছিল! প্রথম দলের রোগীদের এই বলে ওষুধ দেওয়া হয়েছিল যে, এই ওষুধে ওনাদের তৎক্ষনাত উপশম হবে! দ্বিতীয় দলকে বলা হয়েছিল যে, পরীক্ষা করে দেখার জন্য ওনাদের এই ওষুধ দেওয়া হচেছ... এর প্রভাব পরে জানতে পারা যাবে! কিন্তু দুটো দলকেই একই ওষুধ দেওয়া হয়েছিল! পরিণাম এটা বেরোল যে, প্রথম দলের রোগীরা 75% ভালো ফল দেখাল এবং দ্বিতীয় দল 25%! এই দুটো দলের ফলের মধ্যে যে পার্থক্য ছিল, সেটা ছিল রোগীদের আশা! এই প্রকার, আমাদের মস্তিস্কে এই আশা জেগে ওঠে যে, এই ওষুধ আমাদের প্রাণ রক্ষা অবশ্যই করবে! ডাক্তারকে শুধু রোগীর মস্তিস্কে এক ইতিবাচক তথ্য পাঠিয়ে দিতে হয়! রোগীর মনে আশার সৃষ্টি হলে অনুকূল এনার্জী কাজ করতে শুরু করে দেয়!

মস্তিস্কের গঠন ঃ বেশ কিছু অনুসন্ধানকারী এই ব্যাপারে একমত হয়েছেন যে, ভালো পরিণাম একমাত্র তখনই পাওয়া যেতে পারে, যখন ডাক্তার এবং রোগী... দুজনেই এটা ভাবেন যে, এই ওষুধ খেলে অবশ্যই লাভ হবে এবং পরিণামও সন্তুষ্টিজনক হবে! আমরা এটা সবাই জানি যে, অনুকূল পরিবেশ এক গুরুত্বপূর্ণ ভূমিকা পালন করে! প্লেসেবো প্রভাব বিস্তার এজন্য করে, কারণ আমরা নিজেদের অবচেতন মন দ্বারা কল্পনা এবং মানসিক চিত্রণ করে নিই যে, ডাক্তারের দ্বারা দেওয়া ওষুধ খাওয়ায় আমাদের অসুখ তাড়াতাড়ি সেরে উঠছে!

মস্তিষ্কের সন্দেহাতীত শক্তি রোগীর ওপরে মলম লাগাবার কাজ করে! এজন্য, আজ গোটা বিশ্ব জুড়ে ডাক্তাররা হোলিস্টিক ওষুধের ব্যাখ্যা করতে শুরু করে দিয়েছেন!

হোলিস্টিকের অর্থ হল সম্পূর্ণ রোগীর চিকিৎসা করা... শুধুমাত্র শরীরের নয়... মস্তিষ্কেরও! ক্যান্সার রোগীদের ওপরে এই টেক্নিক প্রয়োগ করে যে পরিণাম দেখতে পাওয়া গেছিল, সেটা ছিল চমকে দেওয়ার মত! অনুকূল তরঙ্গ মস্তিষ্কে অদ্ভূত কাজ করে দেখিয়েছিল এবং শরীরও খুব ভালো সাড়া দিয়েছিল! রোগীদের এই বিশ্বাস হয়ে পড়েছিল যে, এতে ওনাদের শরীরের ওপরে ভালো প্রভাব অবশ্যই পড়বে – এটা হচ্ছে আমাদের চিন্তা করার ঢং – যেটা আমাদের শরীরের ওপরে অনুকূল বা প্রতিকূল প্রভাব ফেলে!

ওপরে দেওয়া উদাহরণগুলোর নিষ্কর্ষ হল এটা যে, আমাদের কল্পনাশক্তি আমাদের ব্যবহার এবং চিন্তাকে প্রভাবিত করে! কিছু-কিছু কেসে এমনটা দেখা গেছে যে, মস্তিষ্কের স্বয়ং স্ফূর্তি পরামর্শ নিজে থেকেই এমন পরিস্থিতির সৃষ্টি করে দিয়েছে যে, শরীরের ওপরে অনুকূল প্রভাব পড়তে শুরু করেছে! কিছু কেসে মস্তিষ্ক বাইরে থেকে পরামর্শ পেয়েছে আর তার পরিণামও ভালো হয়েছে!

গুরুত্বপূর্ণ সংকেত : ডামি ওষুধের প্রভাব

এটা এতটা গুরুত্বপূর্ণ নয় যে, আপনি একা কতটা কাজ করতে পারেন – কিন্তু আপনাকে অন্যদের সহায়তা নিতেই হয়!

– জন গ্রেগ

106. যেমনটা ভাববেন, তেমনটা হবে!

আমাদের অবচেতন মন, কোন্‌টা সত্যি আর কোন্‌টা সত্যি বলে মনে হচ্ছে – এর মধ্যে পার্থক্য করতে পারে না!

এই প্রসঙ্গে, আমি এখানে কিছু সত্য ঘটনার উল্লেখ করছি, যার দ্বারা আপনাদের এমন অনুভব হবে যে, আমরা যেমনটা ভাবি, তেমনটা হবার সম্ভাবনা থাকে!

ঘটনা 1 ঃ রেফ্রিজেরেটেড গাড়ীতে বন্দী হয়ে মৃত্যু!' এটা 1964 সালের ঘটনা! যদিও এই খবরটা শুনতে একটু অবিশ্বাস্য লাগে, কিন্তু ঘটনাক্রম এমন ঘটেছিল যে, এটাই বাস্তব ছিল! একজন ব্যক্তি গাড়ীর দরজা হঠাৎ করে বন্ধ হয়ে পড়ার ফলে গাড়ীর ভেতরে ফেঁসে গেছিলেন! ওনাকে যখন গাড়ী থেকে বের করা হয়েছিল, তখন শারীরীক সূত্র এমন কিছু পাওয়া গেছিল যে, ওনার মৃত্যু জমে যাওয়ার ফলে হয়েছিল! যদিও, রেফ্রিজেরেশন ইউনিটকে বন্ধ করে দেওয়া হয়েছিল, কিন্তু সেই ব্যক্তি ঘাবড়ে উঠে এমনটা ভেবেছিলেন যে, এবার জমে গিয়ে ওনার মৃত্যু নিশ্চিত! ওনার মস্তিষ্কের ভেতরে এমন ধরনের শারীরীক পরিবর্তন হয়েছিল, যার ফলে ওনার মৃত্যু হয়ে পড়েছিল! সেই ব্যক্তি যদি ঐ ধরনের পরিস্থিতিতে সংঘর্ষ করার সাহস দেখাতে পারতেন, তাহলে হয়তো এমনটা ঘটত না!

ঘটনা 2 ঃ ডঃ রোসেনথল ক্যালিফোর্নিয়ার একজন বিখ্যাত মনোবৈজ্ঞানিক ছিলেন! উনি একবার পাব্লিক স্কুলের ছাত্র-ছাত্রীদের একটা টেস্ট নিয়েছিলেন! উনি ছাত্র-ছাত্রীদের দুটো দলে ভাগ করে দিলেন আর পরিণামের দিকে বিন্দুমাত্র মনোযোগ দিলেন না! উনি টীচারকে বললেন যে, প্রথম দলটা দ্বিতীয় দলের থেকে অনেক বেশী চালাক-চতুর! যদিও, বাস্তবে দুটো দলের মধ্যে কোন তফাতই ছিল না! ছাত্র-ছাত্রীদের পরিণামের বিষয়ে কিছুই জানানো হল না এবং টীচারকে বলা হল, উনি যেন সব ছাত্র-ছাত্রীদের একই রকমের বলে মনে করেন!

এর আট মাস পরে যখন দুটো দলের ছাত্র-ছাত্রীদের গ্রেডের সমীক্ষা করা হল, তখন প্রথম দলের বাচ্চাদের গ্রেড 28% ভালো দেখা গেল

এবং ওদের সাধারন জ্ঞানও দ্বিতীয় দলের ছাত্র-ছাত্রীদের থেকে বেশী বলে প্রমাণিত হল! টীচার প্রথম দলের ছাত্র-ছাত্রীদের প্রতি নরম মনোভাব দেখালেন... উনি এটা ভাবলেন যে, এই দলের ছাত্র-ছাত্রীদের জ্ঞান তো এমনিতেই ভালো! সেই টীচার এই ছাত্র-ছাত্রীদের প্রসঙ্গে ভালো জ্ঞানের পরিবেশ তৈরী করে দিয়েছিলেন... যার ফলে এমনটা হয়েছিল!

ঘটনা 3 ঃ বুলগেরিয়ার এক স্কুলের কোন এক ক্লাসের ছাত্র-ছাত্রীদের কবিতা মুখস্থ করতে বলা হল! অন্য আরেক ক্লাসের ছাত্র-ছাত্রীদেরও এমনটাই বলা হল... তার সঙ্গে-সঙ্গে ওদের এটাও বলা হল যে, এই কবিতাটা কোন এক বিখ্যাত কবির লেখা! এর পরিণাম এটা হল যে, দ্বিতীয় ক্লাসের ছাত্র-ছাত্রীরা প্রথম ক্লাসের ছাত্র-ছাত্রীদের তুলনায় 60% বেশী মুখস্থ করে নিল! এর পেছনে কারণ এটা ছিল যে, দ্বিতীয় ক্লাসের ছাত্র-ছাত্রীরা কবির প্রসিদ্ধিকে মাথায় রেখে কবিতা মুখস্থ করেছিল!

আমরা এটা ভেবে কাজ করি না যে, বাস্তবিকতা কি... বরং আমরা এটা মাথায় রেখে কাজ করি যে, আমরা সেই কাজটা সম্বন্ধে কি চিন্তা করি! সেই কাজটাকে আমরা কেমন ভাবে নিই আর কেমনটা কল্পনা করি! ***নেপোলিয়ন***-য়ের মত অনুযায়ী কল্পনাশক্তি গোটা দুনিয়ার ওপরে রাজত্ব করে! ***নেপোলিয়ন*** যুদ্ধের আগে এক সপ্তাহ ধরে নিজের শত্রুদের সম্বন্ধে প্ল্যান বানাতেন! শত্রুর গুণ আর দোষগুলোর সম্বন্ধে উনি পুংখানুপুংখ অধ্যয়ণ করতেন! এই ভাবে, উনি নিজের সময়ের থেকে 105 বছর এগিয়ে ছিলেন! সুতরাং, আপনি যদি নিজের উদ্দেশ্যে সফলতা প্রাপ্ত করতে চান, তাহলে সবার আগে মানসিকভাবে সফল হয়ে উঠুন! যতটা সম্ভব, সমস্ত প্রক্রিয়ার একটা রিহার্সাল করে নিন!

গুরুত্বপূর্ণ সংকেত ঃ ***মানসিক শক্তি***

ভাগ - চার

অনুশীলন

107. সৃজনাত্মক অংশ

আমাদের মস্তিষ্ক প্রধানতঃ দু অংশে বিভক্ত! বাঁ দিকের অংশ যৌক্তিক অংশ এবং ডান দিকের অংশ সৃজনাত্মক অংশ!

শৃংখলাবদ্ধ চিন্তাধারা
গণনা
রটনা
বিশ্লেষণ
যুক্তি

স্বপ্ন
কাল্পনিক অবস্থা
কল্পনা
রং
সৃজন

ছাত্র-ছাত্রীই হোন্ বা অধ্যাপকই হোন্, সবাই নিজেদের বেশীর ভাগ মস্তিষ্ক তর্ক-বিতর্কওয়ালা বিষয়ে লাগান অর্থাৎ মস্তিস্কের শুধুমাত্র বাঁ দিকের অংশটাকেই বেশী করে প্রয়োগ করেন! এই ভাবে, আমরা খুব সময়ই সৃজনাত্মক কাজ করতে পারি বা সৃজনাত্মক হতে পারি!

যদি মস্তিস্কের একটা অংশকে লাগাতার প্রয়োগ না করা হয়, তাহলে সেই অংশটার তীক্ষ্মতা নষ্ট হয়ে যাবার সম্ভাবনা থাকে অর্থাৎ সেই অংশটা বেকার হয়ে পড়ে!

আপনাদের কছে আমার পরামর্শ হল এটা যে, প্রতি দিন কিছু-না-কিছু সৃজনাত্মক করুন, যাতে সুস্থ মস্তিস্কে সন্তুলন বজায় থাকে!

অনুশীলন 1 ঃ পরের দু মিনিট পর্যন্ত্য যতটা দ্রুত সম্ভব, একটা পেপার ক্লিপকে কত রকম ভাবে প্রয়োগ করা যেতে পারে, সেই বিষয়ে ভাবুন! এই অনুশীলন শেষ হলে তার পরিণাম পরীক্ষা করে দেখুন! যদি আপনার স্কোর ঃ

3 থেকে 5-য়ের মধ্যে হয়	গড়পড়তা
7 থেকে 8-য়ের মধ্যে হয়	ভালো সৃজনশক্তিসম্প
12 হলে	জিনীয়াস
16 হলে	থমাস এডিসনের স্তরের

মস্তিস্কের ওপরে জোর দিন ঃ

প্রশ্নটার ওপরে মনোযোগ দিন! পেপার ক্লিপের কি-কি প্রয়োগ হতে পারে, ভাবুন! বেশী জেদী মস্তিস্ক এটা ভাবতে শুরু করে দেবে যে, পেপার ক্লিপের সাইজ কি? ওটা ঠিক কোন্ স্তরের? মস্তিস্ক এটাও ভাবতে পারে যে, ক্লিপ কোন্ জিনিষ দিয়ে তৈরী? কিন্তু সাধারন বুদ্ধি অন্য ভাবে ভাবতে পারে! ও অন্য কোন দিকে কিছুটা সরে গিয়ে

ফলাফল পর্যন্ত্য পৌঁছতে পারে!

সৃজনাত্মক বুদ্ধিসম্প ব্যক্তি নিজেদের চিন্তাধারায় একটু স্বাধীনতা রাখেন! ওনারা কোন গণ্ডীর মধ্যে থেকে চিন্তা করেন না! ওনারা ওপরে উল্লেখিত প্রশ্নটাকে পড়ে নিজেদের সময় বৃথা নষ্ট করেন না! বরং নিজেদের বুদ্ধির ওপরে জোর দিয়ে এবং স্মৃতির ভালো ব্যবহার করে গভীরতা পর্যন্ত্য পৌঁছবার চেষ্টা করেন!

এই ধরনের মস্তিষ্কের ব্যক্তিরা এটা নিয়ে চিন্তা করেন না যে, ক্লিপ কি দিয়ে তৈরী, ওর সাইজ কি ইত্যাদি! ওনারা তৎক্ষনাত ক্লিপের প্রয়োগের একটা লিষ্ট বানিয়ে ফেলেন!

এই ভাবে পেন, গ্লাস এবং টেলিফোন বুথ ইত্যাদি বিষয়বস্তুকে চিন্তা করেও উপরিউক্ত অনুশীলনটা করুন!

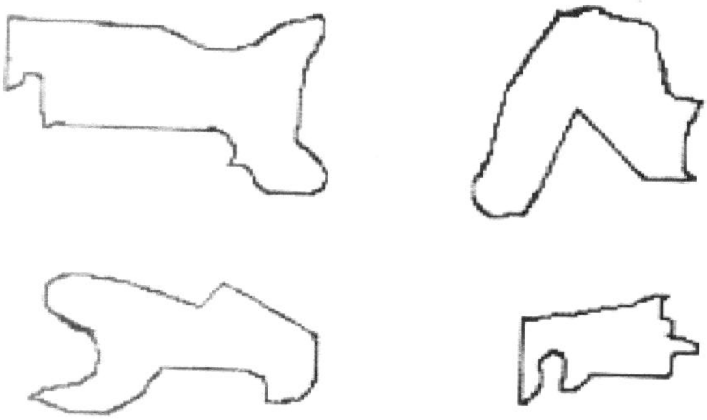

ওপরে দেওয়া চিত্রগুলোকে মন দিয়ে দেখুন আর এটা ভাবুন যে, আপনি এগুলোর সঙ্গে মিল খাওয়া আকৃতির কোন পদার্থ, বস্তু বা আর কিছু দেখেছেন কি না?

গুরুত্বপূর্ণ সংকেত ঃ	*গণ্ডীর বাইরে বেরিয়ে আসুন*

108. একাগ্রতার অনুশীলন

একাগ্রতার অনুশীলন করাটা অনেকটা গাধাকে ট্রেণিং দেওয়ার মত ব্যাপার! আমরা যত বেশী গাধাকে ধাক্কা দিই, টানাটানি করি, ও তত বেশী বিরোধিতা করে! এই ভাবে, আপনি একটা বিন্দুতে মনোযোগ কেন্দ্রীভূত করার যতই চেষ্টা করুন না কেন, আপনার মনোযোগ ঠিক লাফ মেরে অন্য কোথাও চলে যায়! মনোযোগকে ধরে রাখা এবং একটা স্থানে একাগ্র রাখাটা অসম্ভব যদিও বা নাও হয়, এক কঠিন কাজ বটে!

একাগ্রতায় দক্ষ হয়ে ওঠার সব থেকে ভালো উপায় হচেছ নিজের ওপরে জোর খাটাবেন না, বরং সেই বিশেষ বস্তু বা বিষয়ের ওপরে আগ্রহের সৃষ্টি করুন!

একাগ্রতাকে কি করে শক্তিশালী করবেন?

এখানে আপনাকে কিছু একাগ্রতা অনুশীলন জানানো হচেছ, যেগুলো নিশ্চিত রূপে আপনার একাগ্রতাশক্তি বাড়াতে সহায়ক হয়ে উঠবে!

1. ***প্রথম সপ্তাহ ঃ*** নিজের টেলিভিশন সেটের ওপরে একটা ছোট টেবিল ক্লক রাখুন! তারপর পছন্দসই সিরীয়াল বা খবরের চ্যানেল চালিয়ে দিন! 5 মিনিট পর্যন্ত্য সেকেণ্ডের কাঁটার ওপরে নিজের মনোযোগকে কেন্দ্রীভূত করার চেষ্টা করুন! মনে রাখবেন, টি. ভি.-র চ্যানেল যেন আপনার মনোযোগ আকৃষ্ট করার চেষ্টা না করে! এমনটা হতে দেবেন না! এই অনুশীলন এক সপ্তাহ করুন!

2. ***দ্বিতীয় সপ্তাহ ঃ*** দ্বিতীয় সপ্তাহে অনুশীলন করার সময় নিজের অর্ধেক মনোযোগ সেকেণ্ডের কাঁটার ওপর লাগান আর বাকী অর্ধেক মনোযোগ 3, 6, 9... সংখ্যার ওপরে লাগান! এই দুটো অনুশীলন একই সঙ্গে 5 মিনিট পর্যন্ত্য করুন! এই সময় আপনার মনোযোগ যদি এদিক-ওদিকে যাবার চেষ্টা করে, তাতে চিন্তা করবেন না! নতুন করে অনুশীলন শুরু করুন! যখনই অনুশীলন

করবেন, তখনই সংখ্যার সিরিজ পাল্টে নিন, যেমন – কখনও 4, 8, 12, 16... তো কখনও 3, 7, 11, 15...! এই অনুশীলনটাও এক সপ্তাহ করুন!

3. ***তৃতীয় সপ্তাহ ঃ*** এই সপ্তাহে নিজের মনোযোগের এক-তৃতীয়াংশ সেকেণ্ডের কাঁটার ওপরে লাগান! অন্য এক-তৃতীয়াংশ গুণগুণ করে গান গাইতে লাগান এবং বাকী এক-তৃতীয়াংশ মনোযোগ সংখ্যার সিরিজের ওপরে লাগান! এই অনুশীলনটাও এক সপ্তাহ করুন!

4. ***চতুর্থ সপ্তাহ ঃ*** এই সপ্তাহে আপনি নিজের কোন ভেবে রাখা পদ্ধতি অনুশীলন করতে লাগান!

গুরুত্বপূর্ণ সংকেত ঃ ঘড়ি অনুশীলন

আমি সফলতার চাবিকাঠির ব্যাপারে কিছু জানি না, কিন্তু ব্যর্থতার চাবিকাঠি দ্বারা সবাইকে খুশী রাখার চেষ্টা করা উচিত!

– বিল কস্বী

109. মস্তিষ্কে কি করে সব কিছুকে একত্রিত করবেন ?

মনে করার প্রয়োজন ঃ

এখানে 20-টি জিনিষের একটা লিস্ট দেওয়া হচ্ছে, যেসব জিনিষ প্রায় সব বাড়ীতেই দেখতে পাওয়া যায়! ঐই সব জিনিষের বিষয়ে এমনটা ভাবুন যে, এসব জিনিষ আপনার বাড়ীতে রাখা আছে এবং এমনটা কল্পনা করুন যে, ঐ জিনিষগুলো নিম্নলিখিত ক্রমে রাখা আছে!

রা াঘরে	*বাথরুমে*
1. সিংক	11. বাথ টাব
2. স্টোভ	12. কমোড
3. বাসন	13. শেল্ফ
4. টেবিল	14. আয়না
5. ফ্রীজ	15. তোয়ালে
ড্রইংরুমে	*বেডরুমে*
6. টেলিফোন	16. বিছানা
7. আরামকেদারা	17. বইয়ের র‍্যাক
8. বাল্ব	18. ওয়েস্ট পেপার বাস্কেট
9. টি. ভি.	19. পর্দা
10. পোস্টার	20. এ্যালার্ম ঘড়ি

ওপরে দেওয়া লিস্টটাকে পড়ুন আর মানসিক ভাবে দেখুন যে, কোন্ জিনিষটা আপনার বাড়ীতে কোন্ দিকে রাখা আছে! তারপর একটা ক্রমে ওগুলো সাজান! উদাহরণ হিসেবে – রা াঘরে 5-টা জিনিষ আছে! ড্রইংরুমেও 5-টা জিনিষ আছে, 6 থেকে 10 নম্বর পর্যন্ত! বাথরুমে বাথটাবের নম্বর হচ্ছে 11, শেল্ফের নম্বর 13 এবং তোয়ালের নম্বর হচ্ছে 15! আপনার বেডরুমে বিছানার নম্বর 16, পর্দা আছে 19 নম্বরে এবং এ্যালার্ম ঘড়ির নম্বর হচ্ছে 20!

এবার আমি আপনাকে এটা জানাতে যাচ্ছি যে, কেনা-কাটা করার জন্য বানানো লিস্টের জিনিষগুলোকে বাড়ীর জিনিষগুলোর সঙ্গে কি করে সম্পর্কিত করে তোলা যায়? আপনি যখন এই নির্দেশগুলোর পালন করবেন, তখন আপনি দেখতে পাবেন যে, আপনার মধ্যে ভালো কল্পনাশক্তি বা স্মরণশক্তি রয়েছে!

এখানে, আরো একটা লিস্ট দেওয়া হল! পরে, আমি আপনাকে এটা জানাব যে, এই লিস্টকে বাড়ীর জিনিষগুলোর সঙ্গে সম্পর্কযুক্ত করে কেমন করে মনে করা যেতে পারে!

1. পেন
2. সাবান
3. পেন্সিল
4. ফুল
5. ক্যাসেট
6. প্যান্ট
7. টর্চ
8. আলু
9. বেল্ট
10. ব্যাগ
11. জুস
12. পেঁয়াজ
13. তালা
14. ছুরী
15. ক্রীম
16. সাইকেল
17. জামা
18. ওয়াশিং পাউডার
19. তাস
20. দেশলাই

এবার, দয়া করে আমার দেওয়া নির্দেশ পালন করুন! আমি এটা চাই যে, আপনি এই সব জিনিষের ছবি নিজের কল্পনায় দেখুন! যদিও এটা আপনার কাছে একটু অদ্ভূত লাগবে, তবুও অভ্যাস করুন! এর ফলে, আপনি নিজের স্মৃতিশক্তি উ ত করে তুলতে যথেষ্ঠ সহায়তা পাবেন!

1. আপনি নিজের রা াঘরে সিংকের মধ্যে পেন জমা করে রাখছেন! এবার এটাকে মানসিক ভাবে দেখুন!
2. আপনি নিজের নোংরা স্টোভ সাবান দিয়ে ধুচেছন! মানসিক চিত্রণ করুন!
3. খাবার খাওয়ার জন্য আপনি কাঁটার বদলে পেন্সিল ব্যবহার করছেন! মানসিক চিত্রণ করুন!
4. আপনি টেবিলকে রঙ্গীন ফুল দিয়ে সাজাচেছন! মানসিক চিত্রণ করুন!
5. আপনার ফ্রীজে ক্যাসেট ভর্তি হয়ে আছে! মানসিক চিত্রণ করুন!
6. আপনি নিজের পুরোন কালো রং-য়ের টেলিফোনটার ওপরে চটকদার

লাল রং করছেন! মানসিক চিত্রণ করুন!

7. আপনি চেয়ারের ভেঙে পাওয়া পায়ার জায়গায় টর্চ লাগাচেছন! মানসিক চিত্রণ করুন!

8. আপনি নিজের বাল্বের হোল্ডারে বাল্বের জায়গায় আলু লাগাচেছন! মানসিক চিত্রণ করুন!

9. আপনি নিজের বাড়ীর টি. ভি.-কে নিজের বেল্ট দিয়ে বিছানার সঙ্গে বাঁধছেন, যাতে চোর চুরি না করতে পারে! মানসিক চিত্রণ করুন!

10. এমন মানসিক চিত্রণ করুন যে, আপনি নিজের স্কুল ব্যাগ খুলে ওতে বইয়ের বদলে পোস্টার পাচেছন! এটার ওপরে মনোযোগ দিন!

11. এমনটা অনুভব করুন যে, আপনি বাথ টাবে লেমন জুস ঢেলে স্নান করছেন! অনুভব করুন যে, স্নান করার ফাঁকে-ফাঁকে আপনি লেমন জুস চেখেও দেখছেন!

12. আপনার কমোড পেঁয়াজে ভর্তি হয়ে আছে! আপনি কমোডে বসে-বসে পেঁয়াজ ছিলছেন আর আপনার চোখের জলে কমোড ভরে গেছে! মানসিক চিত্রণ করুন!

13. মানসিক চিত্রণ করুন যে, আপনি শেল্ফে বড় দেখে একটা তালা মারছেন!

14. মনে-মনে এমনটা ভাবুন যে, আপনি ছুরী দিয়ে আয়নাকে বিভি রকমের ডিজাইনে কাটছেন আর ছুরী আপনার ডান হাতে ধরা আছে!

15. ভাবুন যে, আপনার তোয়ালেতে ক্রীম মাখানো আছে!

16. মানসিক চিত্রণ করুন যে, আপনি রাস্তায় বেরোতে ভয় পান! তাই আপনি বিছানার ওপরেই সাইকেল চালানো শিখছেন!

17. মানসিক চিত্রণ করুন যে, আপনি বইয়ের র‍্যাকে জামা পুরে রাখছেন... কারণ আলমারীতে জায়গা নেই!

18. মনে-মনে এমনটা ভাবুন যে, আপনার ওয়েস্ট পেপার বাস্কেট ওয়াশিং পাউডারে ভর্তি হয়ে আছে!

19. লোকেরা যাতে এটা জানতে না পারে যে, আপনার তাস খেলার প্রচণ্ড শখ রয়েছে, সেজন্য আপনি নিজের ঘরকে পর্দা দিয়ে ঢেকে দিচেছন! মানসিক চিত্রণ করুন!

20. নিজের এ্যালার্ম ঘড়ির ব্যাপারে ভাবুন এবং এমনটা মানসিক চিত্রণ

করুন যে, ঘড়ির ঘন্টা, মিনিট আর সেকেণ্ডের কাঁটার জায়গায় দেশলাই কাঠি লাগানো আছে!

এবার আপনি নীচে লিখুন যে, আপনি নিম্নলিখিত জিনিষগুলোর সঙ্গে কি দেখেছেন ঃ-

1. সিংক	11. বাথ টাব
2. স্টোভ	12. কমোড
3. বাসন	13. শেল্ফ
4. টেবিল	14. আয়না
5. ফ্রীজ	15. তোয়ালে
6. টেলিফোন	16. বিছানা
7. আরাম কেদারা	17. বইয়ের র‍্যাক
8. বাল্ব	18. ওয়েস্ট পেপার বাস্কেট
9. টি. ভি.	19. পর্দা
10. পোস্টার	20. এ্যালার্ম ঘড়ি

এবার কয়েকটা মিনিট থামুন আর এটা ভাবুন যে, আপনি এখুনি কি করেছেন? শুরু-শুরুতে এসব আপনার খুবই অদ্ভূত লাগবে! তবুও আপনি বাড়ীর জিনিষগুলোর সঙ্গে কেনা-কাটা করার জিনিষের একটা সম্পর্ক স্হাপন করতে সফল হয়ে উঠেছেন – কারণ এগুলো হচ্ছে আপনার দৈনন্দিন জীবনের প্রয়োজনীয় জিনিষ! এগুলো ভোলা আপনার পক্ষে মুশ্কিল ছিল!

এই ধরনের নির্দেশ আপনি অন্য জায়গাতেও, যেমন – বিক্রী করার জন্য বিভি জিনিষ মাথায় রাখা এবং ভাষণ দেওয়ায় প্রয়োগ করতে পারেন! একটু ভাবুন যে, আপনি যখন এটা দেখবেন যে, আপনি কিছুই ভুলে যাননি... বেশীর ভাগ জিনিষই আপনার মনে আছে, তখন আপনার আত্মবিশ্বাস কতটা বেড়ে উঠবে! কি, খুবই সহজ উপায়... তাই না?

গুরুত্বপূর্ণ সংকেত ঃ স্হায়ী সংগ্রহস্হল

110. বিচারশক্তির উ তি

কখনো-কখনো এটা চিন্তা করে আমরা অস্থির হয়ে উঠি যে, আমাদের গন্তব্যস্থল গলি নং 3 না গলি নং 4 ? আমরা এটা মনে করতে পারি না যে, কাল আমার বন্ধু কি রং-য়ের জামা গায়ে দিয়ে এসেছিল ? বা হাতঘড়িটা আমি হাত থেকে খুলে কোথায় রেখেছি ? লাইব্রেরীতে কোন্ দিকে কেমিস্ট্রির বই রাখা আছে !

এই সব সাধারণ জিনিষ আমরা প্রায়ই ভুলে যাই !

উপায় ঃ

আমাদের নিজেদের বিচারশক্তিকে তীক্ষ্ম করে তোলার প্রয়োজন রয়েছে ! নিম্নলিখিত মানসিক অনুশীলনগুলো নিশ্চিত রূপে আপনাকে এই সমস্যার হাত থেকে মুক্তি পেতে সহায়তা করবে !

1. দোকানের আয়নায় দেখুন আর এটা অনুমান লাগান যে, কতগুলো বস্তু প্রদর্শিত রয়েছে ?
2. বই, পেন, গ্লাস ইত্যাদির অনুমান লাগান !
3. চোখ বন্ধ করে বিভি বস্তুকে ছোঁবার আর চেনার চেষ্টা করুন ! এর পরে অনুমান লাগান যে, কি ধাতু দিয়ে ওগুলো তৈরী হয়েছে এবং ওগুলের গুণবত্তা চেনার চেষ্টা করুন !
4. আপনি যখন ঘুরতে বেরোন, তখন সম্পূর্ণ দূরত্বের একটা অনুমান লাগানোর যোগ্যতাকে বাড়িয়ে তুলুন ! গন্তব্যস্থল পর্যন্ত্য পৌঁছবার জন্য কত পা হাঁটতে হবে, সেটার একটা অনুমান লাগান ! এরপরে নিজের পদক্ষেপ গুনুন এবং পরীক্ষা করে দেখুন ! যদি আপনার অনুমান ভুল হয়, তাহলে পরের বার ভালো ভাবে অনুমান লাগাবার চেষ্টা করুন !

গুরুত্বপূর্ণ সংকেত ঃ	অনুমান

111. দীর্ঘ সময় ধরে কি করে মনে রাখবেন ?

ছাত্র-ছাত্রীরা প্রায়ই এমন অভিযোগ করে থাকেন যে, ওনারা কোন কিছুকে দীর্ঘ সময় ধরে মনে রাখতে পারেন না! কোর্স যদি বেশী হয়, তাহলে এই সমস্যাটা আরও বেড়ে ওঠে! এরপর যখন আমরা কোন নতুন টেলিফোন নম্বর শুনি, আমরা তখুনি সেটাকে লিখে নেবার জন্য এদিক-ওদিক পেন খুঁজে বেড়াই – আমাদের মধ্যে এতটা আত্মবিশ্বাসও থাকে না যে, 6 কি 7 অংকের টেলিফোন নম্বরও আমরা কিছুক্ষণের জন্য মনে রাখতে পারব!

এই সমস্যার হাত থেকে মুক্তি পাবার জন্য নিম্নলিখিত অনুশীলনের প্রয়োগ করা যেতে পারে ঃ-

2 অংশ কমিয়ে এবং উল্টো দিকে 2 অংশ বাড়িয়ে ঃ

যেমন 100-2, 98-4, 96-6, ...2-100!

প্রতি বার অনুশীলনের সময় শুরুর অংশ পাল্টে দিন!

যেমন ডাউন 3 এবং আপ 3 : 99-2, 96-5, ...3-66!

অনুশীলন 2 ঃ তিনগুণা ক্রস-সিরিজ ঃ

যেনম 2, 3, 4 : 2-3-4, 4-6-8, 6-9-12, 8-12-16, ...48-72-96!

অনুশীলন 3 ঃ নীচের সিরিজটাকে অভ্যাস করুন!

ডাউন 2, আপ 4, ডাউন 3 : 100-4-99, 98-8-96, ...52-100-28!

অনুশীলন 4 ঃ নিম্নলিখিত চতুর্গুনা সিরিজকে অভ্যাস করুন!

আপ 2, 3, 4, 5 : 2-3-4-5, 4-6-8-10, 6-9-12-15, 40-60-80-100!

গুরুত্বপূর্ণ সংকেত ঃ	***নম্বর সিরিজ***

112. জ্ঞানবর্ধক বিতর্ক

নিজের কোন বন্ধুর সঙ্গে সমসাময়িক কোন বিষয় নিয়ে বিতর্ক করুন! এর জন্য পক্ষে এবং বিপক্ষে বিশেষ পয়েন্টগুলো লিখে নিন... আপনি যে পক্ষের হয়ে বলতে চান! এর সাথে-সাথে বিতর্কের অন্য পয়েন্টগুলোকেও নোট করে নিন! এর পরে কারণ দেখিয়ে বিচার-বিমর্শ করুন!

আপনি যদি কোন বিষয়ের দু পক্ষেই বিতর্ক করার চেষ্টা করেন, তাহলে আপনার তর্কবুদ্ধির উ তি হবে! এই প্রক্রিয়ায় আপনি নিজের মস্তিস্কের ওপরে চাপ দিন এবং মস্তিস্ককে প্রখর আর কেন্দ্রীভূত করে তুলুন!

নিজের দীর্ঘকালীন স্মৃতির উ তির জন্য নিজের বন্ধুকে আবার একবার ডেকে পাঠান এবং সেই বিষয়ে আবার একবার বিতর্ক করুন! এবার নোট করা পয়েন্টগুলো থেকে সরে গিয়ে বিতর্ক করুন! এতে আপনার বাকপটুতা কৌশলে উ তি হবে!

জ্ঞানবর্ধক বিতর্ক দ্বারা নিজের তর্কবুদ্ধিকে প্রখর করে তুলুন!

গুরুত্বপূর্ণ সংকেত ঃ বিতর্ক

113. স্মৃতি সংকেত

আমরা যুগ-যুগ ধরে এই পদ্ধতি গ্রহণ করে আসছি যে, কিছু মনে রাখতে হলে আমরা কখনো রুমালে গাঁট বেঁধে নিই, তো কখনো হাতের কব্জিতে সুতো বেঁধে নিই... মহিলারা শাড়ীর আঁচলে গাঁট বেঁধে নেন! আজও কম-বেশী এই পদ্ধতি চলে আসছে! কিন্তু ধরুন, আপনার হাতের কাছে সুতো বা রুমাল মজুদ নেই, তখন আপনি নীচে উল্লেখিত অন্য কিছু পদ্ধতি গ্রহণ করবেন!

কিছু লোক যখন কোন জরুরী কাজে ব্যস্ত থাকার কারণে লিখতে পারেন না বা হাতের কাছে পেন বা পেন্সিল খুঁজে পান না, তখন ওনারা নিজেদের বিয়ের আংটিটাকেই ঘুরিয়ে পরেন!

কোন বিশেষ সময়ের জন্য বাড়ীর বা অফিসের ঘড়িতে এ্যালার্ম লাগান! চক দিয়ে আয়নায় '1' লিখুন অথবা নিজেকে ফোনের এ্যান্সারিং মেশিনের ভরসায় ছেড়ে দিন!

গুরুত্বপূর্ণ সংকেত ঃ	রিমাইণ্ডার্স

114. স্মৃতিবর্ধক ধাঁধা

নিজের কোন বন্ধুকে বলুন যে, উনি যেন কিছু অক্ষরকে jumble করে একটা ধাঁধার মত তৈরী করেন! যেমন – Apple-য়ের জন্য ppeal, screw-য়ের জন্য wrces, carpet-য়ের জন্য ptrace, plant-য়ের জন্য tpnal ইত্যাদি এবং ঐই সব jumbled শব্দগুলোকে দেখে আপনি এক নির্দিষ্ট সময়ের ভেতরে অর্থপূর্ণ শব্দ বানান!

দ্বিতীয় পদ্ধতি হল এটা যে, নিজের কোন বন্ধুকে বলুন যে, উনি যেন অক্ষর আর সংখ্যার Random block বানান, যেমনটা নীচে দেওয়া হয়েছে ঃ-

O D S 2 K 8 G 2 Y 1 L 3 9 Pc J M 7 F H
B J A 4 V K N 0 A E C H A M 3 4 L Z 5 1 4 S
P Y T Q 9 X L P R 0 P N M 3 F 0 2 U N I V E
Z X T R 5 1 R S 2 P H S D L 9 K D P 8 J L F

ঐই ভাবে আরও অনেক ব্লক বানানো যেতে পারে! সময় সীমা নির্দিষ্ট করে অক্ষর এবং সংখ্যাকে বেছে নিন এবং ওদের আলাদা-আলাদা করে একত্রে ব্যবস্হিত করুন! উদাহরণ হিসেবে, প্রতিটা H-কে 10 সেকেণ্ডের ভেতরে Circle করে নিন!

নিজের একাগ্রতা ক্ষমতা বাড়াবার জন্য অক্ষর আর সংখ্যার নতুন-নতুন চার্ট বানান! ঐই অনুশীলন সপ্তাহে অন্ততঃ দু বার অবশ্যই করা উচিত! ঐই ভাবে jumbling করলে আর ব্লক বানালে আর তারপর ওদের ব্যবস্হিত করলে আপনার মস্তিস্কের ব্যায়াম হবে, আপনার স্মৃতি আর একাগ্রতার উ তি হবে!

গুরুত্বপূর্ণ সংকেত | ধাঁধা

115. প্রাণায়ামও সহায়ক হতে পারে!

আপনি যদি *নৌভার্স'* অনুভব করছেন, তাহলে নিজের এদিক-ওদিক ঘুরে বেড়াতে থাকা ভাবনা-চিন্তার ওপরে নিয়ন্ত্রণ করার জন্য কয়েকটা গভীর নিঃশ্বাস নিন! এই টেক্‌নিকের ব্যবহার শিল্পী, অভিনেতা, বক্তারা মঞ্চে ওঠার আগে করে থাকেন!

বিধি ঃ আরামদায়ক অবস্থায় বসুন এবং নিজের কাঁধ, ঘাড়, পা, হাতগুলোকে রিল্যাক্স করে ছেড়ে দিন! মুখ বন্ধ রেখে নাক দিয়ে আওয়াজ করে শ্বাস নিন! শ্বাস ততক্ষন পর্যন্ত্য নিন, যতক্ষন না আপনার ফুসফুস পুরোপুরি হাওয়ায় ভরে যাচ্ছে! এবার কিছুক্ষন শ্বাস বন্ধ করে থাকুন! তারপর ধীরে-ধীরে নাক দিয়ে হাওয়া বের করে দিন এবং ফুসফস পুরোপুরি খালি করে দিন! শ্বাস নেওয়ার আর ছাড়ার অনুপাত 1:4:2 হওয়া উচিত! কিন্তু প্রয়োজন অনুসারে এই অনুপাতকে বদলে 1:2:1 করতে পারেন! একে প্রাণায়াম বলে!

এটা সত্যি যে, মস্তিস্ক যখন বিশ্রামের অবস্থায় থাকে, তখন স্মৃতি উচ্চ স্তরে থাকে! এই আরামদায়ক অবস্থাকে পাবার জন্য প্রাণায়ামের অভ্যাস করুন! প্রাণায়াম দ্বারা আপনি নিশ্চয়ই নাম, মুখ, স্হান এবং অন্যান্য জরুরী তথ্য আরও ভালো ভাবে মনে করেত পারবেন!

গুরুত্বপূর্ণ সংকেত ঃ	প্রাণায়াম

116. টেনশনের হাত থেকে মুক্তির উপায়!

টেনশন থেকে তাৎক্ষনিক মুক্তি পাবার 6-টি উপায় ঃ

টেনশন আমাদের কার্য্যক্ষমতাকে কম তো করেই, আমাদের পড়াশোনার ওপরেও প্রতিকূল প্রভাব বিস্তার করে! পরের বার যখন আপনি টেনশনে ভরে উঠবেন, তখন টেনশনের হাত থেকে তাৎক্ষনিক মুক্তি পাবার জন্য নীচে দেওয়া 6-টি উপায়ের ওপরে চিন্তা-ভাবনা করুন ঃ-

1. বিভি অধ্যয়ণ এটা জানিয়েছে যে, চিন্তা আপনাকে টেনশনে ভরে তোলে এবং আপনার পেটের ওপরে ক্ষতিকারক প্রভাব ফেলে! পরিণামস্বরূপ, আপনার পাকস্হলী স্বাভাবিক থেকে অস্বাভাবিক হয়ে ওঠে, যেটা প্রায়ই আলসারের জন্ম দেয়!
   ডঃ এ্যালেক্স-য়ের মত অনুযায়ী, যে ব্যক্তি চিন্তার সঙ্গে লড়াই করতে জানেন না, তিনি চিতায় পৌঁছে যান! সুতরাং, চিন্তা করা পরিত্যাগ করুন!
2. চিন্তার সব থেকে ক্ষতিকারক প্রভাব হল এটা যে, এর ফলে আমাদের ভাবনা-চিন্তা করার আর বোঝার ক্ষমতা কমে আসে! আমরা যখন চিন্তায় ভরে উঠি, তখন আমাদের মস্তিস্ক এদিক-ওদিক ছুটে বেড়ায়! উল্টোপাল্টা চিন্তা করতে শুরু করে দেয়, যার ফলে আমরা সিদ্ধান্ত গ্রহণ করতে ব্যর্থ হই! কিন্তু, আমরা যখন খারাপ পরিস্হিতির জন্য নিজেদের প্রস্তুত করে নিই, তখন সেই পরিস্হিতি আমাদের কোন ক্ষতি করতে পারে না এবং আমরা নিজেদের সমস্যা ভালো ভাবে সমাধান করে নিতে পারি!
3. বিকট পরিস্হিতির সাহসিকতার সঙ্গে বিশ্লেষণ করুন এবং সততার সঙ্গে এটা ভাবুন যে, খারাপ হলে কতটা খারাপ হতে পারে? এরপর ঠাণ্ডা মাথায় এবং পূর্ণ এনার্জীর সঙ্গে সেই বিকট পরিস্হিতির মোকাবিলা করুন এবং বিকট পরিস্হিতি থেকে নিজেকে বের করে আনার চেষ্টা করুন! নীচে উল্লেখিত বাক্যটাকে মন দিয়ে পড়ুন! ব্যক্তি কোন ঘটনা থেকে ততটা আহত হয় না, যতটা আহত হয় এটা ভেবে যে, এসব কি হয়ে গেল! নিজের চিন্তাধারাকে পাল্টাবার জন্য নিম্নলিখিত টেক্‌নিক গ্রহণ করুন!
   আমরা মনে-মনে যেটা ভাবি, সেটাকেই কাজের মাধ্যমে রূপায়িত

করার চেষ্টা করি, কারণ কাজ আমাদের ইচেছর সরাসরি নিয়ন্ত্রণে থাকে! যদি ইচেছ আর চিন্তাধারা উ ত হয় এং উৎসাহিত হয়, তাহলে কাজও ভালো হবে! তাই, এমনভাবে কাজ করে চলুন, যেন আপনি প্রচণ্ড খুশী অনুভব করছেন! এমন প্রস তার সঙ্গে কথা বলুন এবং চলাফেরা করুন, যেন আপনি আগে থেকেই প্রচণ্ড প্রস তা অনুভব করছেন! যদি সম্ভব হয়, তাহলে কয়েক মুহুর্ত নেচেও নিন!

5. আপনার কাছে ভালো জামা না থাকায় আপনি যদি চিন্তায় ভরে ওঠেন, তাহলে একটু রাস্তার দিকে তাকিয়ে দেখুন! এমন অনেককে দেখতে পাবেন, যাদের কাছে পরার মত কিছুই নেই! এর ফলে আপনার এই জিনিষটার দুঃখ আর থাকবে না যে, আপনার কোন কিছুর অভাব আছে!
6. ***মানসিক চিত্রণ টেক্‌নিক ঃ*** আপনি নিজের ভেতরে জীবনের সেই সব মুহুর্তগুলোকে একত্রিত করে রাখুন, যেসব মুহুর্তে আপনি অত্যন্ত খুশী হয়ে উঠেছিলেন! পরের বার, আপনি যখনই টেনশনে ভরে উঠবেন, তখনই সেই সব মুহুর্তগুলোয় ফিরে যান, যেসব মুহুর্তে আপনি সুখকর অনুভবে ভরে উঠেছিলেন! সুখকর পরিবেশকে অনুভব করার চেষ্টা করুন! আমরা যেমনটা, তেমনটা আমরা চিন্তা করি না... বরং যেমনটা চিন্তা করি, আমরা ঠিক তেমনটা হয়ে উঠি!

   এজন্য, যখনই আপনি টেনশনে ভরে উঠবেন, তখনই তাৎক্ষনিক মুক্তির জন্য উপরে উল্লেখিত উপায়গুলো গ্রহণ করুন!

গুরুত্বপূর্ণ সংকেত ঃ চিন্তা ছাড়ুন

ভাগ - পাঁচ

অভিধান মনে রাখা

117. আমরা অভিধান কি করে মনে রাখব ?

শব্দের দুনিয়ায় আপনাদের সবাইকে স্বাগত জানাই! এই বইয়ের এই ভাগটা সেই সব ব্যক্তিদের জন্য অত্যন্ত গুরুত্বপূর্ণ, যাঁরা MBA, GRE, GMAT বা অন্য কোন প্রতিযোগিতামূলক পরীক্ষার প্রস্তুতি নিচেছন এবং যাঁরা অভিধান সম্পর্কিত মেমোরী ব্যাংক গড়ে তুলতে ইচছুক!

এই ভাগে যে টেক্‌নিকের বর্ণনা করা হচেছ, সেটা শব্দ মনে রাখার ক্ষেত্রে অন্য আর সব পদ্ধতির তুলনায় 20 গুণ বেশী তীব্র! এই টেক্‌নিকের পরিণামের প্রশংসা অক্সফোর্ড বিশ্ববিদ্যালয়ের উচ্চপদস্থ ব্যক্তিরাও করেছেন! আগে এগোবার আগে আমি আপনাদের এই পরামর্শটা দেব যে, বিদেশী ভাষা শেখার জন্য সূত্রবিধি সম্পর্কিত অধ্যায়টা ভালো করে অবশ্যই পড়ুন! অভিধানের জন্য শব্দবিধি এবং সাধারন জ্ঞানের জন্য স্মৃতিবিধি!

1. শব্দ ঃ ***অপমান***
   অর্থ ঃ বেইজ্জতী
   সংকেত ঃ সম্মান
   স্মৃতি সূত্র ঃ মান-সম্মান সম্পর্ককে গড়ে তুলতে বা নষ্ট করতে সহায়ক হয়!
   প্রয়োগ ঃ অপমান সহ্য করাটা সহজ হয় না!

2. শব্দ ঃ ***কিংকর্তব্যবিমূঢ়***
   অর্থ ঃ সংশয়
   সংকেত ঃ কর্তব্য
   স্মৃতি সূত্র ঃ কর্তব্য পালন করাটা সর্বদা সহজ হয় না!
   প্রয়োগ ঃ অর্জুন কুরুক্ষেত্রের যুদ্ধে সংশয়ের মধ্যে পড়ে গেছিলেন!

3. শব্দ ঃ ***প্রত্যুতপ মতি***
   অর্থ ঃ সুযোগের সদ্ব্যবহার
   সংকেত ঃ উৎপ
   স্মৃতি সূত্র ঃ সর্বদা সঠিক চিন্তাধারা উৎপ হওয়াটা সহজ হয় না!

	প্রয়োগ	ঃ	বিতর্ক প্রতিযোগিতায় প্রত্যুতপ মতি বড় কাজে আসে !
4.	শব্দ	ঃ	***আদমসুমারী***
	অর্থ	ঃ	গণনা, হিসাব করা
	সংকেত	ঃ	বেশভূষা
	স্মৃতি সূত্র	ঃ	ভারতবর্ষে এত ধরনের বেশভূষা প্রচলিত আছে যে, হাতে গোনা সম্ভব নয় !
	প্রয়োগ	ঃ	জনসংখ্যা আদমসুমারী প্রতি দশ বছরে একবার হয় !
5.	শব্দ	ঃ	***অসমঞ্জস***
	অর্থ	ঃ	দ্বিধা
	সংকেত	ঃ	আচরণ
	স্মৃতি সূত্র	ঃ	ওর আচরণ আমাকে দ্বিধায় ফেলে দিয়েছিল !
	প্রয়োগ	ঃ	দ্বিধাযুক্ত পরস্হিতি থেকে যত তাড়াতাড়ি বেরিয়ে আসার চেষ্টা করা উচিত !
6.	শব্দ	ঃ	***কৈবল্য***
	অর্থ	ঃ	অনাসক্তি
	সংকেত	ঃ	কর্ম
	স্মৃতি সূত্র	ঃ	আমাদের অনাসক্ত হয়ে কাজ করা উচিত !
	প্রয়োগ	ঃ	সাধু-সন্তরা সাংসারিক বস্তুর প্রতি কৈবল্য ভাব পোষণ করেন !
7.	শব্দ	ঃ	***ক্যালিগ্রাফার***
	অর্থ	ঃ	সুলেখক
	সংকেত	ঃ	গ্রাফ
	স্মৃতি সূত্র	ঃ	সুলেখক খুব সুন্দর গ্রাফ বানিয়েছেন !
	প্রয়োগ	ঃ	জলি একজন দক্ষ ক্যালিগ্রাফার !
8.	শব্দ	ঃ	***কোচওয়ান***
	অর্থ	ঃ	ঘোড়ার গাড়ীর চালক
	সংকেত	ঃ	ঘোড়ার গাড়ী
	স্মৃতি সূত্র	ঃ	ঘোড়ার গাড়ীর চালক রাস্ট্রপতিকে শপথ গ্রহণ অনুষ্ঠানে নিয়ে গেছিল !
	প্রয়োগ	ঃ	মোঘল আমলে অনেক দক্ষ কোচওয়ান ছিল !

9. শব্দ ঃ ***খুরমা***
অর্থ ঃ খেজুর
সংকেত ঃ শুকনো খেজুর
স্মৃতি সূত্র ঃ অনেকে শুকনো খেজুর দুধে ভিজিয়ে খায়!
প্রয়োগ ঃ আরব দেশে খেজুরের ফলন খুব বেশী হয়!

20. শব্দ ঃ ***ঠাট্টা***
অর্থ ঃ উপহাস
সংকেত ঃ ব্যক্তিত্ব
স্মৃতি সূত্র ঃ কাউকে উপহাস করাটা ব্যক্তিত্বের দুর্বলতা!
প্রয়োগ ঃ ঠাট্টা অনেক সময় অনেককে মানসিক অবসাদের মধ্যে ফেলে দেয়!

11. শব্দ ঃ ***গাঁইয়া***
অর্থ ঃ গ্রাম্য লোক
সংকেত ঃ সরল-সাধাসিধে
স্মৃতি সূত্র ঃ গ্রাম্য লোকেরা সরল-সাধাসিধে হয়!
প্রয়োগ ঃ প্রচীন কালে গ্রামবাসীরা নিজেদের প্রয়োজনীয় জিনিষের বদলা-বদলি করে কাজ চালাত!

12. শব্দ ঃ ***কুঁজো***
অর্থ ঃ ছোট ঘড়া
সংকেত ঃ গ্রীষ্মকাল
স্মৃতি সূত্র ঃ গ্রীষ্মকালে কুঁজোর ঠাণ্ডা জল লোকেদের আরাম প্রদান করে!
প্রয়োগ ঃ গ্রীষ্মকালে বাড়ীতে একটা কুঁজো থাকাটা খুবই ভালো!

13. শব্দ ঃ ***গড়বড়***
অর্থ ঃ অব্যবস্হিত
সংকেত ঃ শাসন
স্মৃতি সূত্র ঃ অব্যবস্হিত শাসন-ব্যবস্হার ফলে ভারত হাজার বছরেরও বেশী গোলাম হয়ে ছিল!
প্রয়োগ ঃ অনুশাসনহীনতা এবং ভ্রষ্টাচার সব কিছু গড়বড় করে দিয়েছে!

14. শব্দ ঃ ***শীঘ্রতা***
অর্থ ঃ তৎপরতা
সংকেত ঃ এক লাখ টাকা
স্মৃতি সূত্র ঃ এক লাখ টাকা হাতে আসতেই ওর হাত দ্রুত চলতে লাগল !
প্রয়োগ ঃ ও শীঘ্রতার সঙ্গে আমার প্রস্তাব মেনে নিল !

15. শব্দ ঃ ***বিরোধাভাস***
অর্থ ঃ অসন্তুলিত থাকা
সংকেত ঃ সন্তুলন
স্মৃতি সূত্র ঃ আমি নিজের ব্যক্তিগত আর ব্যবসায়িক জীবনের মধ্যে সন্তুলন বজায় রাখতে পারছি না !
প্রয়োগ ঃ যাব কি যাব না, এই নিয়ে আমি বিরোধাভাষের মধ্যে রয়েছি !

16. শব্দ ঃ ***মদ্যপান***
অর্থ ঃ নেশা
সংকেত ঃ পানীয়
স্মৃতি সূত্র ঃ আমার ভাই মাদক পানীয়কে সাধারন পানীয়ের শ্রেণীতে রাখে !
প্রয়োগ ঃ মদ্যপান হচ্ছে এক নেশা !

17. শব্দ ঃ ***মূর্খ***
অর্থ ঃ বোকা
সংকেত ঃ মূর্খতাপূর্ণ ব্যবহার
স্মৃতি সূত্র ঃ গাধার মত মূর্খ !
প্রয়োগ ঃ গাধারা মূর্খের মত ব্যবহার করে !

18. শব্দ ঃ ***সূচিত করা***
অর্থ ঃ জানানো
সংকেত ঃ পুরস্কার
স্মৃতি সূত্র ঃ ছেলে পুরস্কার পেয়ে নিজের মাকে জানাল !
প্রয়োগ ঃ তুমি নিজের প্ল্যানের ব্যাপারে আমাকে সূচিত কর না কেন ?

19. শব্দ ঃ ***স ্যাসী***
অর্থ ঃ সাধু
সংকেত ঃ গঙ্গা

স্মৃতি সূত্র ঃ সাধুরা গঙ্গায় স্নান করছে !
প্রয়োগ ঃ উনি একজন স ্যাসী

20. শব্দ ঃ ***স্বীকার করা***
অর্থ ঃ একমত হওয়া
স্মৃতি সূত্র ঃ সবার উচিত নিজের চিন্তাধারায় নতুনত্ব আনা !
প্রয়োগ ঃ উনি কর্মচারীদের দাবী স্বীকার করে নেবেন না !
উনি নিজের দোষ স্বীকার করে নেবেন না !

21. শব্দ ঃ ***ভয়ভীত করা***
অর্থ ঃ ভয় দেখানো
সংকেত ঃ ভয়াবহ
স্মৃতি সূত্র ঃ আমি ভয়াবহ আকৃতি দেখা ভয়ভীত হয়ে উঠেছিলাম !
প্রয়োগ ঃ এত বড় আকৃতি দেখে আমি ভয় পেয়ে গেছিলাম !

অনুশীলন

(i) নিম্নলিখিত শব্দগুলোর অর্থ লিখুন ঃ

1. অসামঞ্জস্য =
2. অপমান =
3. কিংকর্তব্যবিমূঢ় =
4. প্রত্যুতপ মতি =
5. কৈবল্য =
6. মদ্যপান =
7. ক্যালিগ্রাফার =
8. কোচওয়ান =
9. ঠাট্টা =
10. মূর্খ =

উত্তর ঃ 1. দ্বিধা 2. বেইজ্জতী 3. সংশয় 4. সুযোগের সদ্ব্যবহার 5. অনাসক্তি 6. নেশা 7 সুলেখক 8. ঘোড়ার গাড়ীর চালক 9. উপহাস 10. বোকা

(ii) নিম্নলিখিত শব্দগুলোর সঠিক উত্তরের ওপরে (✓) চিহ্ন লাগান ঃ

1. আদমসুমারী ঃ
(ক) গণনা (খ) অক্ষর (গ) গণক (ঘ) ঘোষণা

2. **ঠাট্টা ঃ**

(ক) ঠিকানা (খ) গুলি (গ) গলি (ঘ) উপহাস

3. **শীঘ্রতা**

(ক) তৎক্ষনাত (খ) শীঘ্র (গ) তৎপরতা (ঘ) নিরন্তরতা

4. **বিরোধাভাষ ঃ**

(ক) অসন্তুলিত (খ) সন্তুলিত (গ) বিরোধ (ঘ) আভাষ

5. **গাঁইয়া ঃ**

(ক) গ্রামীণ (খ) গ্রাম্যতা (গ) গ্রাম (ঘ) গ্রাম্য লোক

6. **কুঁজো ঃ**

(ক) নগর (খ) শহর (গ) ছোট ঘড়া (ঘ) বড় কলসী

7. **গড়বড় ঃ**

(ক) ব্যবস্হিত (খ) ক্রমানুসার (গ) অনুপস্হিত (ঘ) অব্যবস্হিত

8. **মূর্খ ঃ**

(ক) বুদ্ধিমান (খ) বোকা (গ) চালাক (ঘ) গাধা

9. **ভয়ভীত করা ঃ**

(ক) ভয়াবহ (খ) ভীতু (গ) ভয় দেখানো (ঘ) ভয়

10. **স ্যাসী ঃ**

(ক) সাধু (খ) পাঁঠা (গ) সংসারী (ঘ) মহিলা সাধ

উত্তর ঃ 1. (ক) 2. (ঘ) 3. (গ) 4. (ক) 5. (ক) 6. (গ) 7. (ঘ) 8. (খ) 9. (গ) 10. (ক)

(iii) নীচের বাক্যগুলোর উত্তর হ্যাঁ' বা না'-তে দিন ঃ

1. অর্জুন কুরুক্ষেত্রের যুদ্ধে কিংকর্তব্যবিমূঢ় হয়ে পড়েছিলেন! (হ্যাঁ / না)
2. শীতকালে বাড়ীতে একটা কুঁজো থাকা খুবই ভালো! (হ্যাঁ / না)
3. অপমান সহ্য করাটা খুবই সহজ! (হ্যাঁ / না)
4. এক লাখ টাকা হাতে আসতেই ওর হাত থেমে গেল! (হ্যাঁ / না)
5. জলি একজন দক্ষ ক্যালিগ্রাফার! (হ্যাঁ / না)

উত্তর ঃ 1. হ্যাঁ 2. না 3. না 4. না 5. হ্যাঁ!

ভাগ - ছয়

প্রায়ই আমাদের যেসব প্রশ্নের মুখোমুখি হতে হয়!

118. প্রশ্নোত্তর

1. হ্যাণ্ড ব্রেক

প্রশ্ন ঃ আমি মাইগ্রেনের যন্ত্রণায় ভুগছিলাম এবং আর্থিক বোঝাও অনুভব করছিলাম! আমি নিজেদের ফ্যামিলী ফিজিশিয়ানের কাছে নিজে গাড়ী চালিয়ে গেলাম! ওখান থেকে বাড়ী ফেরার সময় গাড়ী পার্ক করে তাড়াতাড়ি বাড়ীর ভেতরে ঢুকে পড়লাম আর নিজের দিদির সঙ্গে কথা বলতে লাগলাম! আমি এটা একদম ভুলে গেছিলাম যে, আমি গাড়ীর হ্যাণ্ডব্রেক লাগাতেই ভুলে গেছি! আমার দিদি আমাকে মনে করিয়ে দিতে আমি গাড়ীর দিকে ছুটলাম! এটা দেখে আমি অবাক হয়ে উঠেছিলাম যে, আমার এক প্রতিবেশী ভদ্রলোক ওামার গাড়ীর হ্যাণ্ডব্রেক লাগিয়ে দিয়েছিলেন!

উত্তর ঃ অনেকবার যন্ত্রণার কারণে স্মৃতিভ্রমের সম্ভাবনার সৃষ্টি হয়ে পড়ে! এমন পরিস্হিতিতে আমরা চিকিৎসার দিকে মনোযোগ দিই এবং অন্য কাজগুলোকে এড়িয়ে চলি! এই সমস্যার সব থেকে ভালো সমাধান হল এটা যে, গাড়ী চালানো বন্ধ করে দিন... কিন্তু যদি গাড়ী চালাতেই হয়, তাহলে অত্যন্ত সতর্কতা অবলম্বন করা উচিত! যখন গাড়ী পার্ক করবেন, তখন গাড়ী থেকে নামার আগে এটা পরীক্ষা করে দেখে নিন যে, সব কিছু ঠিকঠাক আছে কি না?

2. জুতো ভুলে গেছি

প্রশ্ন ঃ আজ থেকে দশ বছর আগে আমি বেশ ভালো দাম দিয়ে এক জোড়া জুতো কিনেছিলাম! সেই সময়ে এক সম্মেলনে অংশ নেবার জন্য আমার দিল্লী যাবার ছিল! দিল্লী রওনা হবার সময় প্যাকিং করার সময় আমি নিজের পুরোন জুতো এবং অন্যান্য মালপত্রের সঙ্গে নিজের নতুন জুতো জোড়াও প্যাকিং করে রেখে দিয়েছিলাম! সম্মেলনের প্রথম দিন আমি নতুন জুতো জোড়া পায়ে দিয়েছিলাম এবং যে হোটেলে আমি উঠেছিলাম, সেই হোটেলের বিছানার নীচে রেখে দিয়েছিলাম! সম্মেলন শেষ হলে আমি কোলকাতা ফিরে আসি! কোলকাতা ফিরে আসার পরের দিন আমার পত্নী নতুন জুতো জোড়ার ব্যাপারে আমাকে প্রশ্ন করে! তখনই আমার মনে পড়ে যায় যে, ঐ জুতো জোড়া আমি দিল্লীর হোটেলের বিছানার নীচে রেখেছিলাম আর কোলকাতা ফেরার সময় বিছানার নীচ থেকে জুতো বের করতে ভুলে গেছিলাম!

উত্তর ঃ জুতোকে জুতোর জন্য নির্দিষ্ট জায়গায় না রেখে আপনি জুতো বিছানার নীচে রেখে দিয়েছিলেন! সাধারনতঃ এমনটা কেউ করে না! দ্বিতীয়তঃ, আপনি কোলকাতা ফেরার জন্য এতটা ব্যাকুল হয়ে উঠেছিলেন যে, হোটেল ছাড়ার আগে আপনি কামরা ভালো করে চেক্ করেন নি যে, কোথাও কিছু ভুলে যাচেছন কি না?

এটা আমাদের একটা সাধারন অভিজ্ঞতা যে, আমরা অস্থায়ী বাসস্থান ছাড়ার সময় প্রায়ই কিছু-না-কিছু ভুলে যাই! যদি কোন অস্থায়ী জায়গায় আপনাকে কিছুদিন থাকতে হয়, তাহলে একটা চেক্-লিস্ট বানিয়ে নিন! যেসব জায়গা আপনি ব্যবহার করছেন, যেমন – বাথরুম, আলমারী, টেবিলের ড্রয়ার, বিছানা ইত্যাদি ভালো করে চেক্ করুন আর যত কম সম্ভব জায়গার ব্যবহার করার চেষ্টা করুন! তাহলে, মনে রাখতে আপনার সুবিধা হবে!

3. বাড়ীর চাবি

প্রশ্ন ঃ একবার আমাদের এক পারিবারিক বন্ধু আমাদের নিজের বাড়ীতে নিমন্ত্রণ জানিয়েছিল! সেই বন্ধুর বাড়ীটা আমাদের বাড়ী থেকে 40 কি. মি. দূরে ছিল! বন্ধুর বাড়ীতে পার্টিতে আমরা দুই বন্ধু সাধারন কিছু বিষয় নিয়ে বিতর্ক শুরু করে দিই! পার্টির পরে আমরা নিজেদের বাড়ী ফিরে আসি! সেই সময় আমি কিছুটা নেশাগ্রস্তও হয়ে উঠেছিলাম! বন্ধুর বাড়ীতে আমাদের সময়টা বেশ ভালোই কেটেছিল! কিন্তু বাড়ী ফেরার আগে আমরা এটা পরীক্ষা করে নিইনি যে, বাড়ীর চাবি কার কাছে রয়েছে?

আমরা যখন নিজেদের বাড়ী ফিরে এলাম, তখন লক্ষ্য করলাম যে, বাড়ীর চাবি আমাদের কাছে নেই! ওটা আমরা বন্ধুর বাড়ীতে খাবার টেবিলের ওপরেই ভুলে রেখে এসেছিলাম! আমি ইঁট দিয়ে দরজার তালা ভাঙলাম! বন্ধুর বাড়ী যাবার তাড়াহুড়োতে আমরা নিজেদের বাড়ীর পেছন দিকের দরজাটাও বন্ধ করতে ভুলে গেছিলাম! ভাগ্য ভালো ছিল যে, কোনরকম অপ্রিয় ঘটনা ঘটেনি!

উত্তর ঃ যেহেতু আপনার মাথায় ব্যক্তিগত কিছু সমস্যা ঘুরে বেড়াচ্ছিল আর আপনি নিজের বন্ধুর সঙ্গে বিতর্কে এত বেশী মেতে উঠেছিলেন যে, বন্ধুর বাড়ী থেকে রওনা হবার সময় আপনি সব কিছু চেক করতে ভুলে গেছিলেন আর নেশাগ্রস্ত অবস্থায় বাড়ীর চাবি বন্ধুর বাড়ীতে খাবার টেবিলের ওপরেই ভুলে রেখে এসেছিলেন!

এটা হচ্ছে বহুমুখী স্মৃতিভ্রমের এক উদাহরণ! প্রয়োজনের থেকে বেশী তর্ক-বিতর্ক এবং অপ্রাসঙ্গিক ব্যস্ততা এমনটা হবার পেছনে মুখ্য ভূমিকা পালন করে! ঘরোয়া বিতর্ক অনেক ক্ষেত্রে সামাজিক প্রক্রিয়ায় বাধা প্রদান করে এবং মনোযোগকে অন্য দিকে ঘুরিয়ে দেয়! আপনি এবার থেকে যখনই নিজেকে এমন পরিস্থিতিতে পাবেন, নিজের অতীতের অভিজ্ঞতার কথা মাথায় রাখবেন... তাহলে এমন ভুল করে কখনো হবে না!

4. কোট ভুলে গেছি

প্রশ্ন ঃ শ্রী সুনীল ভাটিয়া আমাকে ব্যক্তিত্ব-বিকাশ বিষয়ের ওপরে কিছু বলার জন্য জওহরলাল নেহরু বিশ্ববিদ্যালয়ে আমন্ত্রণ জানিয়েছিলেন! শীতকালের সকালে ভালোমতন ঠাণ্ডা থাকায় আমি কোট গায়ে দিয়ে বাড়ী থেকে রওনা হয়েছিলাম! জে. এন. ইউ.

পৌঁছবার পরে আমি অফিস রুমে নিজের কোট টাঙ্গিয়ে রেখেছিলাম! ভাষণ দেবার পরে আমি কফি আর টুকটাক খাবার খাই! ততক্ষনে বাইরের আবহাওয়ায় মধ্যে বেশ গরম ভাব এসে গেছিল! শ্রী ভাটিয়াকে ধন্যবাদ জানিয়ে আমি বাড়ী ফেরার জন্য রওনা হয়ে পড়ি! কয়েক কিলোমিটার যাবার পরে আমার মনে পড়ে যে, আমি কোট জে. এন. ইউ.-তেই ছেড়ে এসেছি! পরে, শ্রী ভাটিয়া আমার কোট ফেরত পাঠাবার ব্যবস্থা করেছিলেন!

উত্তর ঃ *এটাও হচেছ বহু-আকস্মিক স্মৃতিভ্রমের এক প্রকৃষ্ট উদাহরণ! আপনি নিজের কোট এজন্য ভুলে গেছিলেন, কারণ আপনি সংকেত-সূচক মনে করতে পারেন নি!*

এই স্মৃতিভ্রম সংকেত-সূচকের গায়েব হয়ে যাবার সঙ্গে সম্পর্কিত! এমনটা এজন্য হয়েছে, কারণ স্মরণ করার তত্ত্বটাই গায়েব হয়ে গেছিল! যে মুহুর্তে আপনি অফিস রুমে নিজের কোট টাঙ্গিয়ে রেখেছিলেন, ঠিক সেই মুহুর্তেই সংকেত-সূচক গায়েব হয়ে গেছিল! আপনি যদি ওখান থেকে রওনা হবার সময় নিজের স্মৃতিশক্তির ওপরে চাপ দিতেন, তাহলে ভালো হত এবং তাহলে আপনি এটা অনুভব করতে পারতেন যে, আপনি কিছু একটা ভুলে যাচেছন! ছাতা, কোট ইত্যাদি জিনিষের স্মৃতি গায়েব হয়ে যাবার সম্ভাবনা বেশী থাকে!

5. তাৎক্ষনিক জবাব

প্রশ্ন ঃ একজন পাব্লিক রিলেশন অফিসার হবার সুবাদে আমাকে রোজ বিভি ধরনের লোকেদের মুখোমুখি হতে হয়! একবার নিজের অফিসের জন্য আমি একজন ডিজাইনারের ইন্টারভিউ নিচিছলাম! আমি ওনার এর আগে করা কিছু গুরুত্বপূর্ণ কাজের ব্যাপারে ওনাকে প্রশ্ন করলাম! ইন্টারভিউ ভালোমতন শেষ হবার পরে, সেই ডিজাইনার ভদ্রলোক ঠিক একই প্রশ্নটা আমাকে করলেন! আমি তৎক্ষনাত কোন উত্তর দিতে পারলাম না আর ওনার প্রশ্নটাকে এড়িয়ে গেলাম! কিন্তু আজও ঐ প্রশ্নের কথা মনে পড়লে আমি অস্থির হয়ে উঠি!

উত্তর ঃ *এটা হচেছ এক বিরোধাভাষ যে, একজন পেশাদার ব্যক্তি... যাঁকে নিজের কাজ সম্বন্ধে সিরীয়াস বলে গণ্য করা হয়... উনিও সময় এলে ব্যক্তিগত তথ্য মনে করতে ব্যর্থ হয়ে ওঠেন! মস্তিষ্কের এই অনুপস্থিত অবস্থা ওনাকে হাস্যাস্পদ পরিস্থিতিতে পৌঁছে দেয়! এটা খুবই সত্যি কথা যে, ব্যগ্রতা প্রায়ই স্মৃতি হারিয়ে যাবার কারণ হয়ে ওঠে! এর হাত থেকে মুক্তি পাবার উপায় হচেছ এটা যে, যতটা পারেন, বিশ্রাম করুন! আপনি যা কিছু করছেন, তাতে আপনার মস্তিষ্কের সম্পূর্ণ নিষ্ঠা থাকাটা অত্যন্ত গুরুত্বপূর্ণ! বেশী মাত্রায় প্রস্তুতি আর বিশ্বাসের সঙ্গে নিজের ব্যগ্রতাকে দূর করুন এবং নিজের মনোযোগকে ফিরে পান!*

6. আত্মবিশ্বাস

প্রশ্ন ঃ আমার বয়স 65 বছর! আমি এক এক্সপোর্ট হাউসে পার্টটাইম ম্যানেজারের পদে চাকরী করি! গত দু বছর ধরে আমার কাজে ছোটখাটো ভুল হচেছ, যেগুলোকে ইচেছ করলে এড়িয়ে যাওয়া যায়! আমি কি অৗলজিমার' রোগে আক্রান্ত হয়ে পড়েছি, নাকি আমি নিজের আত্মবিশ্বাস হারিয়ে ফেলছি?

উত্তর ঃ *কখনো-কখনো ছোটখাটো ভুল মানুষের আত্মবিশ্বাসকে দুর্বল করে তোলে! এমনটা স্মৃতি-হ্রাসের ফলে হয়! এমন পরিস্হিতিতে যে কোন ব্যক্তিই নিজের আত্মনির্ভরতা হারিয়ে বসে, যার ফলে ছোটখাটো ভুল হয়ে বসে! তবে, এজন্য এত তাড়াতাড়ি চিন্তিত হয়ে ওঠার কোন কারণ নেই! আপনার বয়স বাড়ছে ঠিকই, তবে সেটার অর্থ এটা নয় যে, আপনি কোন গুরুতর অসুখে আক্রান্ত হয়ে উঠেছেন! এটা ঠিক যে, বয়স বাড়ার সঙ্গে-সঙ্গে ব্যক্তির স্মৃতিশক্তি ততটা ভালো থাকে না! তবে, এর জন্য চিন্তিত হবার কিছু নেই! আপনি যে ভুলে যাওয়া বা ভুল করার ব্যাপারে উল্লেখ করেছেন, তার ফলে আপনার সামাজিকতার ওপরে কোন প্রভাবই পড়বে না আর আপনার স্বাস্হ্যজনিত কোন সমস্যারও সৃষ্টি হবে না!*

7. ল্যাপটপ ভুলে গেছি

প্রশ্ন ঃ আমি সোফ্টওয়ারে নিপুণ এক এক্জিক্যুটিভ! আমার কাজে আমাকে বিভি জায়গায় যেতে হয়! আমি যখনই কোন জরুরী মিটিং-য়ে যাই, আমি নিজের সঙ্গে নিজের কম্প্যুটার ল্যাপটপও নিয়ে যাই, যাতে তৎক্ষনাত স্মৃতি-সহায়তা প্রাপ্ত করতে পারি!

এরকমই একবার কম্প্যুটারের আধুনিক প্রযুক্তিদ্যিার ওপরে এক সেমিনারে ভাষণ দেবার জন্য আমার মুম্বাই যাবার ছিল! আমি প্লেনের টিকিট বুক করে নিয়েছিলাম এবং নির্ধারিত দিনে মুম্বাইতে হোটেলে পৌঁছে কন্ফারেন্স হলেও পৌঁছে গেছিলাম! ওখানে পৌঁছে সিস্টেম এ্যানালিস্টের ওপরে আলোচনা-সভায় আমি অংশ নিই! আধ ঘন্টা পরে আমি এটা লক্ষ্য করি যে, আমার সঙ্গে নিজের ল্যাপটপ নেই, যেটা ভুলে যাওয়া আমার পক্ষে ক্ষতির কারণ হয়ে উঠতে পারত! যাই হোক্, আমি কোনরকমে নিজের কাজ চালিয়ে নিয়েছিলাম!

উত্তর ঃ *এমনটা হওয়ার মুখ্য কারণ হচেছ আপনার স্মৃতির অন্য কাজে ব্যস্ত হয়ে থাকা, কারণ ঐ সময় আপনি অন্য কাজে ব্যস্ত ছিলেন! ভালোমতন নিজের জরুরী জিনিষগুলো চেক্ না করাটাই আপনার সমস্যার কারণ হয়ে উঠেছিল!*

এর ফলে, এটা আবার একবার প্রমাণিত হয়ে গেল যে, মনোসংযোগ ঠিকমত কেন্দ্রীভূত না হওয়াটা আমাদের জরুরী জিনিষপত্র চেক্ করতে বাধা প্রদান করে! ব্যবহার করার পরে ল্যাপটপের মত জিনিষ পকেটে রেখে নেওয়া উচিত!

8. জন্মদিন

প্রশ্ন ঃ আমি কেন্দ্রীয় বিশ্ববিদ্যালয় থেকে এ্যাকাডেমিক কেরিয়ার শুরু করেছি! চার-পাঁচ দিন আগেই আমি নিজের বাড়ীতে এসেছি! বরাবরের মত আমি নিজের বন্ধু কর্তিকের সঙ্গে দেখা করতে গেলাম... কার্তিক একটা দামী কোট পরেছিল! আমি ওকে কোটের বাপারে প্রশ্ন করে যে উত্তরটা পেলাম, তাতে আমার বিস্ময়ের সীমা রইল না! কার্তিক বলল যে, এই কোটটা ও নিজের জন্মদিনে উপহার পেয়েছে! যদিও কার্তিক আমার ঘনিষ্ঠ বন্ধু, তবুও ওর জন্মদিনের কথা আমি ভুলে গেছিলাম!

উত্তর ঃ জন্মদিন, বিবাহবার্ষিকী ভুলে যাওয়াটা এক স্বাভাবিক, কিন্তু বিরাট বড় সমস্যা! এটা এই জিনিষটার প্রতিও ইঙ্গিত করে যে, আপনি নিজের ঘনিষ্ঠ ব্যক্তিদের সম্বন্ধে ততটা চিন্তা-ভাবনা করেন না! আপনার বন্ধু যদি আপনাকে গুরুত্বপূর্ণ তারিখগুলোর ব্যাপারে মনে করিয়ে দেয়, তাহলে সেটা সত্যিই সহায়ক হয়ে উঠবে! অনেকে জেনে-শুনে এই সব গুরুত্বপূর্ণ তারিখগুলোর ব্যাপারে জানায় না! ওরা এমনটা আশা করে যে, ওদের বন্ধু এই সব গুরুত্বপূর্ণ তারিখগুলোর ব্যাপারে নিজে থেকেই মনে রাখবে! সব থেকে ভালো উপায় হল এটা যে, আপনি এইসব গুরুত্বপূর্ণ তারিখগুলো নিজের ডায়রীতে নোট করে রাখুন এবং মাসের শুরুতে একবার ডায়রী খুলে দেখুন এবং এই সব গুরুত্বপূর্ণ তারিখগুলো মনে রাখর চেষ্টা করুন!

9. ছাতার সমস্যা

প্রশ্ন ঃ আমি, বিবেক আর মোহিত একটা ফ্ল্যাটে পৌঁছলাম! আমাদের নিজেদের রিসার্চ পেপার রাঁচীতে জমা দেবার ছিল! বাইরে তুমুল বৃষ্টি হচ্ছিল! আমি নিজের সঙ্গে একটা ছাতা নিলাম আর মোহিতকে সঙ্গে করে লাঞ্চ করার জন্য বাইরে বেরিয়ে পড়লাম! বিবেক একটা রেনকোট পরে নিল! আমরা তিনজনে লাঞ্চ করার সাথে-সাথে কিছু গুরুত্বপূর্ণ বিষয় নিয়ে আলাপ-আলোচনাও করলাম! ততক্ষনে বৃষ্টি থেমে গেছিল!

আমরা নিজেদের রিসার্চ পেপার জমা দিতে গেলাম এবং ওখানে গুরুত্বপূর্ণ ব্যক্তিদের সঙ্গে গুরুত্বপূর্ণ আলাপ-আলোচনাও করলাম! ততক্ষনে আবহাওয়া বেশ পরিষ্কার হয়ে এসেছিল! কিন্তু এর দু দিন পরে আবার বৃষ্টি শুরু হয়ে পড়ল! আর ঠিক তখনই আমার নিজের ছাতার কথা মনে পড়ে গেল! আমি এদিক-ওদিক ছাতা খুঁজলাম, কিন্তু পেলাম না! আমরা দু দিন আগে যে হোটেলে লাঞ্চ করতে গেছিলাম, ছাতাটা আমি ওখানেই ভুলে ফেলে এসেছিলাম!

উত্তর ঃ আবহাওয়া ঠিক হয়ে পড়তেই আপনি নিজের ছাতার কথা ভুলে গেছিলেন! যদি বৃষ্টি হতে থাকত, তাহলে হয়তো আপনি ছাতার কথা ভুলতেন না! বৃষ্টি থেমে যাওয়ায় আপনার স্মৃতিশক্তি প্রভাবিত হয়ে পড়েছিল! পরিণামস্বরূপ আপনি ছাতার কথা ভুলে গেছিলেন!

আপনার বন্ধু মোহিতও আপনাকে ছাতার কথা মনে করাতে ভুলে গেছিল! এটা হচ্ছে সংকেত উধাও হয়ে যাওয়ার আরও একটা উদাহরণ! বৃষ্টি সংকেত না থাকার কারণে আপনার স্মৃতিভ্রম হয়ে পড়েছিল আর এমনটা যে কোন ব্যক্তির সঙ্গেই হতে পারে! তাই, এটা অত্যন্ত জরুরী যে, আপনি সংকেতের জন্য মানসিক নোটস্ তৈরী করুন... কারণ একবার সূত্র হারিয়ে গেলে সেই পরিস্থিতিতে আর কিছু করা সম্ভবপর হয়ে ওঠে না!

10. ফোটোগ্রাফ খোঁজা

প্রশ্ন ঃ বিদেশ যাবার আগে এক অত্যন্ত গুরুত্বপূর্ণ রিসার্চের সঙ্গে সম্পর্কিত ফোটোগ্রাফ, ঐতিহাসিক পরিসংখ্যান এবং কিছু ড্রইং প্রকাশক মহাশয়ের কাছে পাঠাবার ছিল... যাতে আমার লেখা প্রথম পুস্তক প্রকাশিত হতে পারে! দু দিন ধরে আমি সমস্ত কিছু এক জায়গায় একত্রিত করলাম এবং একটা খামের মধ্যে পুরে রেখে দিলাম... যাতে আমি ওগুলো প্রকাশক মহাশয়ের কাছে পাঠাতে পারি! কিন্তু যখন ওগুলো পাঠাবার সময় এল, তখন আমি ওগুলো কোথাও খুঁজে পেলাম না! আমি প্রচণ্ড ঘাবড়ে উঠলাম আর বেশ কয়েক ঘন্টা ধরে ওগুলো খুঁজতে লাগলাম! যখন কোথাও খুঁজে পাওয়া গেল না, তখন আমি ফোটোগ্রাফারের কাছে গেলাম আর ওনার কাছে নতুন এক সেট ফোটোগ্রাফ চাইলাম! এরপর যখন আমি বিদেশ থেকে দেশে ফিরে এলাম, তখন আমি সেই খামটাকে একটা ফাইলের মধ্যে থেকে পেলাম! আমি নিজের এই স্মৃতিভ্রমে প্রচণ্ড অবাক হয়ে উঠেছিলাম!

উত্তর ঃ আপনি এটা ভুলে গেছিলেন যে, আপনি ফোটোগ্রাফগুলো কোথায় রেখেছেন? কারণ আপনি ওগুলো কোন সুরক্ষিত স্থানে না রাখার ভুল করেছিলেন! এটা অত্যন্ত স্বাভাবিক প্রক্রিয়া যে, গুরুত্বপূর্ণ জিনিষ সুরক্ষিত স্থানেই রাখা উচিত! আপনার ফাইলিং সিস্টেমের লাভ ওঠানো উচিত, যাতে সব কিছু ব্যবস্থিত অবস্থায় সঠিক স্থানে রাখা যায়!

11. গাছে জল দেওয়া

প্রশ্ন ঃ আমি সবুজ গাছ-পালা খুবই পছন্দ করি! কিন্তু যখন গাছে জল দেবার প্রশ্ন ওঠে, তখন আমি খুব কম সময়ই গাছে জল দিতে পারি! এমনটা কেন হয়?

উত্তর ঃ আপনি যদিও গাছ-পালা পছন্দ করেন, কিন্তু আপনি ওগুলোর প্রতি খুব একটা মনোযোগ দেন না... কারণ এই জিনিষটা আপনার প্রাথমিকতার মধ্যে পড়ে না! ভালবাসা আর যত্ন নেওয়া... দুটো সম্পূণ পৃথক জিনিষ, কারণ এই দুটো জিনিষের মধ্যে পার্থক্য যথেষ্ঠ এবং আপনি গাছ-পালার ওপরে নির্ভরশীল নন, তাই গাছ-পালায় জল দেবার কথা আপনি প্রায়ই ভুলে যান! এই ধরনের স্মৃতিভ্রম হচ্ছে আভ্যন্তরীন! আপনি যতক্ষনে সংকেত প্রাপ্ত করেন,

ততক্ষনে অনেক দেরী হয়ে পড়ে! এমনটা হওয়ার পেছনে, কারও প্রতি যত্ন নেওয়ার পেছনে প্রেরণাশক্তির অভাবও একটা প্রধান তত্ত্ব! এমন অনেক ব্যক্তি আছেন, যাঁরা, গাছ-পালা নিয়েই নিজেদের সময় কাটান এবং গাছ-পালার প্রতি যত্নও নেন!

12. ডবল ডিনার

প্রশ্ন ঃ আমার কিছু বন্ধু একবার আমাকে সস্ত্রীক ডিনারে আমন্ত্রণ জানিয়েছিল! নির্ধারিত দিনে আমি এবং আমার পত্নী বাড়ীতে পেট পুরে খাবার খেয়ে নিয়েছিলাম! আমাদের দুজনের মধ্যে কারও এই কথাটা মাথায় ছিল না যে, আমাদের কেউ ডিনারে আমন্ত্রণ জানিয়েছে! খাবার খেয়ে নেবার কিছুক্ষণ পরে, বন্ধুরা ফোন করে আমাদের ডেকে পাঠাল! ফলস্বরূপ, সেদিন আমাদের দুজনকে দ্বিতীয়বার খাবার খেতে হল!

উত্তর ঃ *সংযোগক্ষমতার অভাব সম্পর্ককে নষ্ট করে তোলে! এটা অত্যন্ত আশ্চর্য্যের বিষয় যে, আপনার পত্নীও আপনাকে এটা মনে করাতে ভুলে গেলেন আর আপনার বন্ধুরাও এই সময়ের মধ্যে আপনার সঙ্গে কোনরকম যোগাযোগ রাখল না! আপনার বন্ধুদের উচিত ছিল যে, সেদিন সকালেই আপনাকে ফোন করে ডিনারের কথাটা মনে করিয়ে দেওয়া... তাহলে আপনিও ভুলে যেতেন না! এই ধরনের তথ্যের জন্য আপনার ক্যালেণ্ডার বা ডায়রীর সহায়তা নেওয়া উচিত, যাতে এটা আপনার সর্বদা মনে থাকে যে, কোন্-কোন্ দিনে কি-কি গুরুত্বপূর্ণ কাজ করার আছে!*

13. অফিস বিল্ডিং

প্রশ্ন ঃ যখন আমি নতুন-নতুন চাকরীতে ঢুকেছিলাম, তখন বেশ কয়েকবার আমি নিজের অফিস বিল্ডিং-য়ের লিফ্ট থেকে সঠিক ফ্লোরে নামতে ভুলে যেতাম! এছাড়াও, যখন আমার বাঁ দিকে যাবার হত, আমি ডান দিকে চলে যেতাম বা যখন ডান দিকে যাবার হত, আমি বাঁ দিকে চলে যেতাম! যদিও কয়েকবার আমি ঠিক দিকেই যেতাম, কিন্তু যখনই ভুল হয়ে পড়ত, আমি অস্থির হয়ে উঠতাম! যদিও আমার মত আরও বেশ কিছু লোকও এমন ভুল করতেন! আমি নিজের তরফ থেকে সঠিক ফ্লোর মনে রাখার ভরপুর প্রচেষ্টা চালাতাম, কিন্তু প্রায়ই আমি ভুল করে বসতাম!

উত্তর ঃ *অন্যদের মত আপনিও এটা মনে রাখতে ভুলে যেতেন যে, আপনাকে পূর্ব দিকে যেতে হবে, না পশ্চিম দিকে! এই পরিস্থিতির সমাধান হচ্ছে এটা যে, আপনি নিজের স্বভাবের কথা মনে রেখে এটা মাথায় রাখুন যে, আপনি ঠিক কোন্ লিফ্ট ব্যবহার করছেন? বাস্তবে এটা কোন স্বাভাবিক সমস্যা নয়... তবুও কিছু লোকের ভেতরে ভুল করার একটা প্রবণতা থাকে! যদিও ওরা ভুল করতে চান না!*

14. ক্রেডিট কার্ড

প্রশ্ন ঃ সম্প্রতি আমি এক বিশেষ ধরনের ভুলে যাওয়া রোগে আক্রান্ত হয়ে উঠেছি! এই জিনিষটা আমাকে প্রচণ্ড অস্থির আর দুঃখী করে তুলেছে! আমি বিভি ক্ষেত্রে ক্রেডিট কার্ড ব্যবহার করি! কিছু-কিছু দোকান থেকে রসিদ দেওয়া হয় এবং ওরা একটা রসিদে কার্ড ধারকের সই করিয়ে নেয়! বেশ কয়েকবার আমি রসিদ নিয়ে সই না করেই হাঁটতে শুরু করে দিই, যতক্ষন না দোকানদার আমাকে এটা স্মরণ করিয়ে দেয় যে, আমি রসিদে সই করিনি! আমার এমনটা মনে হয় যে, আশপাশের লোকেরা এটাই ভাবছে যে, আমি পয়সা না দিয়েই চলে যাচ্ছি! আমার আচরণ সন্দেহের আওতার মধ্যে এসে পড়ে! অবশ্য আমা তেমন কোন উদ্দেশ্য মোটেই থাকে না!

উত্তর ঃ *এমন স্মৃতিভ্রমের পেছনে দুটো কারণ থাকতে পারে! এক, যখন আপনি কেনাকাটা করছেন, তখন আপনি এটা ভুলে যান যে, আপনি ক্রেডিট কার্ডের মাধ্যমে কেনাকাটা করছেন! দ্বিতীয় কারণটা হচ্ছে, যেহেতু প্রতিটা দোকান তাদের নিজস্ব পদ্ধতি অবলম্বন করে, তাই আপনি রসিদে সই করতে ভুলে যান! যদি প্রতিটা দোকান একই পদ্ধতি অবলম্বন করত, তাহলে হয়তো এমন ভুল হত না! এই সমস্যার হাত থেকে মুক্তি পাবার জন্য আপনি মানসিক চিত্রণ পদ্ধতির প্রয়োগ করুন! চোখ বন্ধ করে সব ঘটনাগুলোর মনে-মনে চিত্রণ করুন যে, আপনি রসিদে সই করে নিজের ক্রেডিট কার্ড ফেরত নিচেছন! এমনটা পাঁচ থেকে দশ বার করার চেস্টা করুন! এর ফলে, এর পরের বার আপনি যখনই কোন দোকানে কেনাকাটা করতে যাবেন, তখন আপনা থেকেই আপনার সব কিছু মনে পড়ে যাবে আর আপনি ক্রেডিট কার্ডের সঠিক ব্যবহার করে কেনাকাটা করতে পারবেন!*

15. স্যুটকেশ ভুলে যাওয়া

প্রশ্ন ঃ আমি এবং আমার পত্নী জলি উইকএণ্ডে শিমলা যাবার প্রোগ্রাম বানালাম! শিমলা আমাদের শহর থেকে আট ঘণ্টা ড্রাইভের দূরত্বে অবস্থিত! জলি স্যুটকেশে দরকারী সব জিনিষপত্র ভরে নিল আর আমরা বাচ্চাদের সঙ্গে নিয়ে শিমলার উদ্দেশ্যে রওনা হয়ে পড়লাম! যখন আমরা অর্ধেক রাস্তা পার করে নিয়েছিলাম, তখন আমি আমার পত্নী জলিকে প্রশ্ন করলাম যে, ও স্যুটকেশটা গাড়ীতে রেখেছে কি না? আমি এটা জেনে প্রচণ্ড অবাক হয়ে উঠলাম যে, জলি স্যুটকেশ গাড়ীতে রাখতেই ভুলে গেছিল! আমরা আবার একবার বাড়ী ফিরে এলাম আর স্যুটকেশ নিয়ে আবার একবার শিমলার উদ্দেশ্যে রওনা হলাম! এমন ভুল কি করে হল?

উত্তর ঃ *আপনার আর আপনার পত্নীর মধ্যে ঠিকমত সংযোগ স্থাপিত হয়নি! আপনি নিজের পত্নীর ওপরে প্রয়োজনের থেকে অতিরিক্ত মাত্রায় নির্ভরশীল হয়ে পড়েছিলেন এবং আপনি এমমটা ভেবেছিলেন*

যে, উনি (আপনার পত্নী) মনে করে ঠিকই সুটকেশ গাড়ীতে উঠিয়ে নেবেন! আপনি প্যাকিং করার সময়েও নিজের পত্নীকে স্যুটকেশ সঙ্গে করে নিয়ে যাবার কথা মনে করাননি! আপনারা যদি স্যুটকেশটা সঠিক স্থানে রাখতেন, তাহলে রওনা হবার সময় আপনাদের চোখ স্যুটকেশের ওপরে ঠিকই যেত! শারীরীক সংকেত না হবার কারণেই এই স্মৃতিক্রম হয়ে পড়েছিল! আপনাদের উচিত ছিল, রওনা হবার আগে পরস্পরের মধ্যে আলাপ-আলোচনা করে নেওয়া!

16. গাড়ী লক্ করা

প্রশ্ন ঃ গাড়ী মালিকেরা সাধারনতঃ গাড়ী থেকে নামার পরে নিজেদের গাড়ী লক্ করে দেন! একদিন আমি নিজের গাড়ীর চাবি প্যান্টের পকেটে না রেখে কোটের পকেটে রেখে নিয়েছিলাম! কিছুক্ষন পরে গরম লাগায় আমি কোট খুলে গাড়ীর পেছনের সীটে রেখে দিয়েছিলাম আর গন্তব্যস্থলে পৌঁছে গাড়ীর দরজা বাইরে থেকে বন্ধ করে দিয়েছিলাম! আমি যখন নিজের কাজ শেষ করে ফিরে এলাম, তখন আমি প্যান্টের পকেটে চাবি খুঁজলাম! পরে আমার মনে পড়ল যে, চাবি তো কোটের পকেটে গাড়ীর ভেতরে বন্ধ হয়ে আছে!

উত্তর ঃ *এটা হচ্ছে স্মৃতিভ্রমের এক অত্যন্ত সাধারণ উদাহরণ, যদিও গাড়ীর চাবি প্যান্টের পকেটে রাখাই উচিত, কিন্তু আপনি সেদিন ভুল করে চাবি কোটের পকেটে রেখে নিয়েছিলেন! এই সমস্যার হাত থেকে বাঁচার জন্য আপনি এক সেট অতিরিক্ত চাবি বানিয়ে নিতে পারেন! আমরা কিঞ্চিৎমাত্র মস্তিস্ক বিভ্রম হয়ে পড়লেই এটা পরীক্ষা করে নিতে ভুলে যাই যে, আমরা কোন্ জিনিষটা কোথায় রেখেছি? সুতরাং, চাবি সর্বদা প্যান্টের পকেটে বা পার্সের মধ্যে রাখার অভ্যাস করুন!*

17. কল

প্রশ্ন ঃ একদিন সকালে আমি যখন স্নান করছিলাম, হঠাৎ জল চলে গেল! কোনরকমে স্নান সেরে অমি অফিসের উদ্দেশ্যে রওনা হয়ে পড়লাম! সন্ধ্যায় বাড়ী ফিরে দেখি, গোটা বাড়ী জলে ভর্তি হয়ে গেছে!

উত্তর ঃ *এটা হচ্ছে শারীরীক সংকেত মনে না থাকার একটা উদাহরণ! যদি একবার জল চলে যাবার পরে আপনার উপস্থিতিতেই আবার কলে জল এসে যেত, তাহলে আপনি নিশ্চয়ই কল বন্ধ করে দিতেন! এটা হচ্ছে এমন এক সমস্যা, যার সমাধান অত্যন্ত জরুরী! আপনার মনোযোগ যদি বিক্ষিপ্ত হয়েও থাকে, তাহলেও কল বন্ধ করতে ভুলে যাবেন না, ঠিক যেমন আপনি রা া হয়ে যাবার পরে গ্যাস বন্ধ করে দেন! এমন অভিজ্ঞতা প্রায় সবার সঙ্গেই হয়! এটা বাস্তবে স্মৃতিভ্রমের ঘটনা নয়! তবুও, সতর্ক থাকার চেষ্টা করুন! আপনি যখনই বাড়ীর বাইরে যাবেন, তখন গুরুত্বপূর্ণ জিনিষ, যেমন – গ্যাস, কল, জানলা, লাইট ইত্যাদি সব কিছু বন্ধ আছে কি না, দু বার পরীক্ষা*

করে নিন!

18. ভাষণ

প্রশ্ন ঃ আজ থেকে তিন বছর আগে, আমি আর আমার এক সহকর্মী পাটনা বিশ্ববিদ্যালয়ে মনোবিজ্ঞানের ওপরে ভাষণ দিতে গেছিলাম! সব কিছুই ঠিকঠাক চলছিল, কিন্তু শেষ লাইনে এসে অমি প্রচণ্ড ঘাবড়ে উঠলাম আর আমার কিছুই মনে পড়ল না... আমি ভাষণের পয়েন্টগুলোও ঠিক-ঠাক ভাবে মনে করতে পারলাম না! আমার সহকর্মীও আমাকে সহায়তা করতে পারল না, কারণ তখন ও অন্য কোন কাজে ব্যস্ত ছিল!

উত্তর ঃ *অতিরিক্ত আত্মবিশ্বাস বা প্রস্তুতির অভাবের ফলে আপনার সব কিছু ওলোট-পালোট হয়ে গেছিল! যদিও এই সমস্যার সমাধান অত্যন্ত সহজ! এবার থেকে আপনি যখনই কোন বিশেষ গুরুত্বপূর্ণ ভাষণ দেবেন, তখন ছোট-ছোট নোটস্ অবশ্যই বানিয়ে নেবেন, তা আপনি যত ভালোই প্রস্তুতি নিয়ে থাকুন না কেন? স্মৃতির ওপরে অতিরিক্ত নির্ভরতা কখনো-কখনো সমস্যার কারণ হয়ে ওঠে!*

19. মানচিত্র

প্রশ্ন ঃ পড়াশোনা চালিয়ে যাবার সময় আমি একটা সংস্থায় নিয়মিত ক্লাস করতে যেতাম! ঐ সংস্থার প্রবেশ-পথটা এমনই ছিল যে, আমি প্রায়ই ক্লাস রুমের রাস্তা হারিয়ে ফেলতাম! দয়া করে আমাকে সহায়তা করুন!

উত্তর ঃ *এই স্মৃতিভ্রমটা এমন ধরনের যে, ধরুন আপনি একটা অত্যন্ত পরিচিত রাস্তা দিয়ে গাড়ী চালাচেছন আর একটা চৌমাথার মোড়ে এসে আপনি ঘাবড়ে উঠলেন যে, এবার কোন্ দিকে টার্ন নিতে হবে? কিছু-কিছু ব্যক্তিকে রাস্তা মনে করার ক্ষেত্রে অত্যন্ত সমস্যার মুখোমুখি হতে হয়... তা সে ওনারা যদি ঐ রাস্তা দিয়ে রোজ যাতায়াত করেন, তবুও! ওনারা মানচিত্র মনে রাখার কষ্টটা করতে চান না! এটা এক অত্যন্ত সাধারন অভিজ্ঞতা যে, যখন কোন দিক, রাস্তা বা বিল্ডিং ঠিক ভাবে মনে পড়ে না... তখন বেশীর ভাগ লোকই এমনটা মনে করেন যে, ওনারা সব কিছু নিজে থেকে মনে করে নেবেন! তাই, ওনারা বিল্ডিং বা রাস্তার দিক মনে করার চেষ্টা করেন না! রাস্তা ভুলে যাওয়াটা কোন বিরাট সমস্যা নয়! যে কোন ব্যক্তির কাছে থেকে সঠিক রাস্তা জেনে নেওয়া যেতে পারে! তবে সেই সময় এই সমস্যাটা অত্যন্ত গুরুতর আকার ধারণ করে নিতে পারে, যখন আপনি কোন গণ্ডগোলের এলাকায় হবেন! প্রত্যেকের উচিত সমস্যার কথাটা মাথায় রেখে চিহ্ন, মানচিত্র বা নির্দেশগুলোকে মনে রাখা!*

20. নির্দিষ্ট সময়

প্রশ্ন ঃ দু দশকেরও বেশী সময় ধরে আমি ছাত্র-ছাত্রী বা চাকুরী পেতে ইচ্ছুক ব্যক্তিদের ট্যুউটোরিয়াল ক্লাস নিয়ে আসছি! আমার যতটা মনে পড়ছে, আমি কখনো কোন ক্লাস মিস্ করিনি! গত

বছর আরও বেশী উ তির জন্য ম্যানেজমেন্ট ক্লাশের সময়ে পরিবর্তন করে দিয়েছেন! আর আশ্চর্য্যের কথা হল এটা যে, তারপর থেকে তিন-তিনবার আমি ক্লাশ মিস্ করেছি!

উত্তর ঃ *ক্লাশের সময়ে পরিবর্তনের ফলে আপনার স্মৃতিভ্রম হয়ে পড়েছে! সময়ে পরিবর্তন আপনাকে সংশয়ে ফেলে দিয়েছে, যার ফলে আপনি নিয়মিত হওয়া সত্ত্বেও নিয়মের পালন করতে ব্যর্থ হয়েছেন! স্মৃতিশক্তি এই জিনিষটার ওপরে নির্ভর করে যে, আপনি নিজের দৈনন্দিন রুটীন কি ভাবে বানান! এই সমস্যার সমাধান হল ডায়রী ব্যহার করা! কিন্তু এটা কোন অব্যর্থ সমাধান নয়! কিছু দিন ডায়রীর সহায়তা নেবার পরে আপনি পুনরায় নিজের পদ্ধতিতে ফিরে এসে এই সমস্যার হাত থেকে মুক্তি পেতে পারেন!*

21. ক্রিসমাস কার্ড

প্রশ্ন ঃ একজন খ্রীস্টান ধর্মাবলম্বী হওয়ার সুবাদে আমি নিজের সেক্রেটারীকে ক্রিসমাস কার্ড উপহার দেওয়াটাকে অত্যন্ত গুরুত্বপূর্ণ বলে মনে করি! এক বছর আগে ক্রিসমাসের সময় যখন বেস্সী অফিসে এসেছিল, আমি ওকে কার্ড উপহার দিতে ভুলে গেছিলাম! আমি তাড়াতাড়ি বাইরে গেলাম আর দোকান থেকে কার্ড কিনে নিয়ে এলাম! আমি চশমা চোখে দিতে ভুলে গেছিলাম! বিনা চশমায় আমি কার্ডের লেখাগুলো ঠিক মত পড়তে পারিনি! আমি তাড়াতাড়ি কার্ডে সই করে কার্ড বেস্সীকে দিয়ে দিলাম! ও কার্ড পড়ল আর অন্য এক সহকর্মীকে দিয়ে দিল! সেই সহকর্মী কার্ড পড়ে জোরে-জোরে হাসতে লাগল! বিনা চশমায় আমি এটা পড়তে পারিনি যে, কার্ডটার ভাষা অত্যন্ত অশ্লীল ছিল! আমি এই ঘটনায় নিজেকে অত্যন্ত লজ্জিত অনুভব করেছিলাম!

উত্তর ঃ *এমনটা প্রায়ই লক্ষ্য করা গেছে যে, ক্রিসমাসের দিনগুলোয় এমন ধরনের ভুল বেশী করে হয় এবং এই ধরনের ঘটনা যে কোনও জায়গায়, যে কোনও সময় ঘটতে পারে! যেহেতু আপনি নিজের সেক্রেটারীকে দেবার জন্য ক্রিসমাস কার্ড আগে থেকে তৈরী করে রাখেননি, তাই আপনাকে তাড়াহুড়ো করে কার্ড কিনে আনতে দোকানে যেতে হয়েছিল! তাড়াহুড়োয় আপনি চশমা পড়তে ভুলে গেছিলেন! এটা কোন শারীরীক সমস্যা নয়! কেউ এটা কেমন করে জানবে যে, উৎসবের দিনে চশমা ভুলে গিয়ে আপনি অশ্লীল কার্ড নিয়ে আসবেন? এই ঘটনার সঙ্গে স্মৃতিভ্রমের কোন সম্পর্ক নেই!*

22. ব্রীফকেস

প্রশ্ন ঃ আমি নিজের এক বন্ধুর সঙ্গে ওসমানিয়া বিশ্ববিদ্যালয়ের কাছে এক রেঁস্তোরায় খাবার খেতে গেছিলাম! খাবার খাওয়ার পরে আমরা দুই বন্ধু বিভি বিষয় নিয়ে লম্বা আলোচনা করলাম! তারপর আমরা দুজনে বিশ্ববিদ্যালয় অফিসে ফিরে এলাম! দু ঘন্টা পরে রেঁস্তোরার মালিক ফোন করে জানালেন যে, আমি নিজের

ব্রীফকেস রেঁস্তোরাতেই ফেলে এসেছি এবং আমি নিজের সুযোগ-সুবিধামত যে কোন সময় নিজের ব্রীফকেস নিয়ে আসতে পারি!

এর এক বছর পরে আমরা দুই বন্ধু আবার একবার ঐ রেঁস্তোরায় লাঞ্চ করতে গেলাম! আমি নিজের সীটের কাছেই ব্রীফকেস রেখে দিলাম! লাঞ্চ করার পরে আমরা পেমেন্ট করলাম আর ওখান থেকে রওনা হয়ে পড়লাম! কয়েক পা চলার পরেই রেঁস্তোরার মালিক পেছন থেকে চেঁচিয়ে উঠলেন যে, আমি আবার নিজের ব্রীফকেস ওখানে ভুলে ফেলে এসেছি!

উত্তর ঃ *আপনি নিজের বন্ধুর সঙ্গে আলোচনায় এত বেশী মত্ত হয়ে উঠেছিলেন যে, আপনার কাছে ব্রীফকেসের কথাটা মাথায় রাখাটা ততটা গুরুত্বপূর্ণ ছিল না! আপনি যদি কোন বড় জিনিষ সঙ্গে করে নিয়ে যেতেন, তাহলে সেটা ভুলে যাওয়াটা আপনার পক্ষে কঠিন হত!*

এটা ভুলে যাওয়ার এক অত্যন্ত সাধারন ঘটনা! কারণ ঐ ব্রীফকেসে হয়তো তেমন কোন গুরুত্বপর্ণ কাগজ-পত্র ছিল না! হয়তো, ওটার গুরুত্ব আপনার কাছে ততটা ছিল না! তাই আপনি ওটার কথা নিজের মাথা থেকে সরিয়ে দিয়েছিলেন! ব্রীফকেস নিজের চোখের সামনে রাখলে হয়তো আপনার সমস্যার সমাধান হতে পারে! এই ধরনের সমস্যার সমাধানের জন্য 'অনুপস্থিত মস্তিস্ক' পড়ুন!

23. নাম / মুখ

প্রশ্ন ঃ আমার অফিসের অন্য এক বিভাগে এক মহিলা কাজ করেন এবং ওনার সঙ্গে আমার একটু-আধটু আলাপ-পরিচয়ও আছে! একদিন সিঁড়িতে আমাদের দেখা হয়ে পড়ল আর আমরা একটু-আধটু কথাও বললাম! আমি এটা ভাবছিলাম যে, ভদ্রমহিলাকে আমি আগে কোথাও দেখেছি আর ওনার নাম সঙ্গীতা! আসলে ওনার মুখের সঙ্গে মিল খাওয়া যে মহিলার সঙ্গে আমি ওনাকে গুলিয়ে ফেলছিলাম, তাঁর নাম ছিল সঙ্গীতা! কিছুদিন পরে আমি মুম্বাই থেকে ফিরছিলাম, সেই মহিলার সঙ্গে আবার একবার আমার দেখা হয়ে পড়ল এবং আমি ওনাকে 'সঙ্গীতা' নামে ডাকলাম! যখন আমি কিছুটা এগিয়ে গেলাম, তখন আমি এটা বুঝতে পারলাম যে, ও হচ্ছে নেহা! আমি নিজের এই ভুলের জন্য ওর কাছে ক্ষমা চাইলাম!

উত্তর ঃ *কাউকে অন্য নামে ডাকাটা শিষ্টাচার-বিরোধী! এমনটা সেই সময় হয়, যখন দুজন ব্যক্তির মধ্যে একটু-আধটু মিল থাকে! অতিরিক্ত আত্মবিশ্বাস এমন ঘটনা ঘটার পেছনে এক গুরুত্বপূর্ণ কারক! এমন ভুল সেই সব লোকেদের হয়, যাঁরা কিছু করার আগে ভাবনা-চিন্তা করেন না এবং যাঁরা এর আগেও এমন ভুল করেছেন!*

আপনি যদি কারো সম্বন্ধে সম্পূর্ণ নিশ্চিত না হতে পারেন, তাহলে তাকে নাম ধরে ডাকার আগে ভালো করে চিনে নিন! এই বইতে এই ব্যাপারেও টেক্‌নিক জানানো হয়েছে!

24. বন্ধুর অপেক্ষা

প্রশ্ন ঃ একবার আমরা কয়েক বন্ধু মিলে এক শনিবার রাতে ড্রিংকের প্রোগ্রাম বানিয়েছিলাম! আমরা এক বারে যাবার জন্য প্রস্তুত হচ্ছিলাম, এমন সময় আমাদের মধ্যে একজন বলল – দৌঁড়া! কিছু খাবার জিনিষ নিয়ে আসা যাক!' এর একটু পরে আমরা সবাই বৌর'-য়ের উদ্দেশ্যে রওনা হয়ে পড়লাম আর আমরা সবাই এটা ভুলে গেছিলাম যে, আমাদের মধ্যে একজন বন্ধু তখনও পর্যন্ত্য এসে পৌঁছয়নি... অমাদের তার জন্য অপেক্ষা করা উচিত! আমরা নিজেদের এক বন্ধুকে ফেলেই চলে গেলাম! পরে, ও আমাদের এই নিয়ে খুব কথা শুনিয়েছিল!

উত্তর ঃ *এসব হচ্ছে মস্তিস্ক এবং দৃষ্টির বাইরের অসুস্হতার পরিণাম! যেমন এই ক্ষেত্রে, আপনাদের এক বন্ধু যে খাবার আনতে গেছে, সেটা আপনাদের মাথা থেকে সরে গেছিল! ও যদি ওখানে উপস্হিত থাকত, তাহলে আপনাদের ওর কথা মনে থাকত!*

এটা নিশ্চিত রূপে স্মৃতিহ্রাসের কোন ঘটনা নয়! সুতরাং, চিন্তিত হয়ে ওঠারও কোন কারণ নেই! এনমটা প্রায়ই হয় যে, আমরা যখন আনন্দ-স্ফূর্তি করার মুডে থাকি, তখন এমন ধরনের আচরণ করি, কিন্তু এটা শিস্টচার-বিরোধী! এমন কি আপনার অন্য বন্ধুরাও মনে করিয়ে দেবার প্রয়োজনটুকু অনুভব করল না! সামাজিক কর্তব্য পালন করার ক্ষেত্রে বেশী এনার্জীর প্রয়োজন হয়... সুতরাং, সতর্ক থাকা উচিত!

25. ঐতিহাসিক তারিখ

প্রশ্ন ঃ আমি কলা বিভাগের এক স্নাতক এবং আই. এ. এস.-য়ের জন্য প্রস্তুতি নিচ্ছি! আমি ইতিহাসকে বিষয় হিসেবে বেছে নিয়েছি! আমার সব থেকে বড় সমস্যা হল এটা যে, আমার ঐতিহাসিক তারিখগুলো মনে থাকে না! আমি সর্বদা ঐতিহাসিক তারিখ মনে রাখার ক্ষেত্রে সমস্যায় পড়ে যাই! আমি অনেক বার এই সব ঐতিহাসিক তারিখগুলো মুখস্হ করার চেস্টা করি, লিখেও রাখি... কিন্তু কোন লাভই হয়নি! আমি আপনার কাছে চিরকৃতজ্ঞ হয়ে থাকব, যদি আপনি এমন কোন পদ্ধতির ব্যাপারে আমাকে জানান, যার দ্বারা আমার সমস্যার সমাধান হতে পারে এবং আমাকে স্মৃতি সম্পর্কীয় সমস্যার মুখোমুখি না হতে হয়!

উত্তর ঃ এই সমস্যার সমাধানের সব থেকে অব্যর্থ পদ্ধতি হচ্ছে সম্পর্ক তৈরী করে এবং মানসিক চিত্রণ করে মনে রাখা, যেমনটা এই বইতে আগেও উল্লেখ করা হয়েছে! সম্পর্ক না তৈরী করে বা দুর্বল সম্পর্ক তৈরী করে মনে রাখলে সেই জিনিষটা মস্তিস্ক থেকে বেরিয়ে যাবার সম্ভাবনা খুব বেশী মাত্রায় থাকে! আসুন, কিছু উদাহরণের সাহায্যে এটা বোঝার চেস্টা করা যাক যে, ঐতিহাসিক তারিখ কি ভাবে মনে রাখা যায়!

(i) 1921 সালে গান্ধীজী কংগ্রেস পার্টির নেতৃত্বভার গ্রহণ করেছিলেন!

আমরা এটা জানি যে, 21-য়ের কোড হচ্ছে লাঠি!

মানসিক চিত্র ঃ একটা বড় ছড়ির সাহায্যে গান্ধীজী নিজের অনুগামীদের নিয়ন্ত্রিত করছেন! আমরা এর ড্রইং-ও বানাতে পারি!

(ii) 1933 সালে হিটলার জার্মানীর চ্যান্সেলর হয়েছিলেন! 33-য়ের কোড হচ্ছে ধনুক!

মানসিক চিত্র ঃ হিটলার একটা ধনুকের সাহায্যে এক বড় চ্যান্সেলর ব্রাণ্ডের সিগারেটে নিশানা লাগাচ্ছেন!

26. পৌঁছবার তাড়া

প্রশ্ন ঃ একবার আমি নিজের পত্নী, ভাই আর ভাইয়ের পত্নীর সঙ্গে জয়পুরে ছুটী কাটাবার সিদ্ধান্ত নিয়েছিলাম! প্ল্যান অনুযায়ী আমরা টিকিট বুক করালাম এবং টিকিট সুরক্ষিত স্থানে রেখেও দিলাম! নির্দিষ্ট দিনে আমরা জয়পুর পৌঁছে সেই হোটেলে গেলাম, যে হোটেলে আমরা আগে থেকে কামরা বুক করে রেখেছিলাম! হোটেল ক্লার্ক জানালেন যে, আমরা একদিন আগেই পৌঁছে গেছি! আমাদের ছুটীর সব প্রোগ্রাম মাটি হয়ে গেল আর আমরা একে-অপরকে দোষারোপ করতে শুরু করে দিলাম! পরে এটা জানা গেছিল যে, আমার পত্নী বুকিং-য়ের ব্যবস্থা করেছিল আর ও রওনা হবার সঠিক দিনের ব্যাপারে ভুলে গেছিল!

উত্তর ঃ *কখনও-কখনও অতিরিক্ত আত্মবিশ্বাস এবং কারও ওপরে অতিরিক্ত নির্ভরতা আমাদের এমন পরিস্থিতিতে পৌঁছে দেয়! রওনা হবার আগে আপনাদের সঠিক তথ্য হাসিল করে নেওয়া উচিত ছিল! নিজের পত্নীর ওপরে অতিরিক্ত নির্ভর করাটা ছিল আপনার ভুল! যখন কোন কাজে দুজনের বেশী ব্যক্তি শামিল থাকেন, তখন সবাইকে দায়িত্ব ভাগ করে দেওয়া উচিত! যখনই বাইরে যাবার প্রোগ্রাম তৈরী হবে, তখন সব কিছু পরীক্ষা করে নিয়ে তবে রওনা হওয়া উচিত! এমন পরিস্থিতিতে টাইম টেবল বানালে আপনাদের সফর সন্তুলিত এবং আনন্দদায়ক হয়ে উঠবে!*

119. নিজের বিশ্বাসকে শক্তিশালী করে তুলুন !

বিশ্বাসের ভেতরে এত বেশী শক্তি থাকে যে, হয় সেটা কোন কিছু সৃষ্টি করে তোলে, নয়তো নষ্ট করে ফেলে ! একবার বিশ্বাস দৃঢ় হয়ে উঠলে আমাদের নার্ভাস সিস্টেমের ওপরে এর কব্জা প্রচণ্ড দৃঢ় হয়ে ওঠে আর এই জিনিষটা এত বেশী শক্তিশালী হয়ে ওঠে যে, সেটা আমাদের বর্তমান এবং ভবিষ্যতের সম্ভাবনাকে বাড়িয়ে তোলে অথবা নষ্ট করে দেয় ! যদি আমরা নিজেদের জীবনকে সঠিক দিশা প্রদান করতে চাই, তাহলে আমাদের নিজেদের বিশ্বাসের ওপরে অবশ্যই নিয়ন্ত্রণ বজায় রাখতে হবে ! কিছু-কিছু বিশেষ ঘটনা এবং সাক্ষ্য এমন হয়, যেটা আমাদের বিশ্বাসকে জন্ম দেয় এবং তারপর আমাদের জীবন আর কাজকে দিশা প্রদান করে ! আমাদের মস্তিষ্ক সর্বদা এই সুযোগের অপেক্ষায় থাকে যে, নতুন দৃষ্টান্ত খুঁজে নিয়ে নতুন বিশ্বাস সৃষ্টি করা যাক বা পুরোন বিশ্বাসকে শেষ করে ফেলা যাক ! আপনার বিশ্বাসকে শক্তিশালী করে তোলার জন্য এই বইতে বিভি সাক্ষ্য, প্রমাণ তুলে ধরা হয়েছে... যাতে আপনি নিজের ইচছানুযায়ী যে কোন কাজ করতে পারেন ! অসম্ভব সর্বদা সম্ভব হয়ে ওঠে ! বাধা হয় আমাদের মস্তিস্কে, নয় আমাদের বিশ্বাসের মধ্যে থাকে ! বাস্তবিক পৃথিবীতে বাধা বলে কিছুই থাকে না ! মনে রাখবেন যে, একটা বিশ্বাস সেইরকম 99-জন ব্যক্তির সমান হয়, যাদের কাছে শুধুমাত্র নিজের ভালো আছে, বিশ্বাস নেই ! ***এন্টোনিও চেখভ*** ঠিকই বলে গেছেন–*মানুষ ঠিক তেমনটাই হয়ে ওঠে, যেমনটা ওর বিশ্বাস বা চিন্তাধারা হয় !'*

গুরুত্বপূর্ণ সংকেত ঃ	*বিশ্বাস*